Allitera Verlag

Wilhelm Deinert, 1933 am Jadebusen im Oldenburgischen geboren, studierte Neuere Deutsche Literatur, Kunstgeschichte und Gräzistik in Münster, Freiburg und München. 1958 folgte die Promotion über »Ritter und Kosmos im Parzivâl« bei Hugo Kuhn an der Ludwig-Maximilians-Universität in München. Nach der Tätigkeit als Lehrbeauftragter und dem Abbruch eines Habilitationsprojekts arbeitete Deinert als freier Schriftsteller. Zu seinen bekanntesten Werken zählen »Missa Mundana. Epizyklische Gesänge«, »Mauerschau. Ein Durchgang« oder »Über den First hinaus. Ein Anstieg«. Er erhielt zahlreiche Preise und Stipendien. Nach einem Leben, das geprägt war von der Begeisterung für Sprache und Literatur, verstarb Deinert im Mai 2012. Sein Nachlass, darunter zahlreiche unveröffentlichte Texte, liegt heute in der Monacensia – Literaturarchiv und Bibliothek, München.

Wilhelm Deinert

In das Verrinnende leuchtet die Windspur auf

Ausgewählte Texte (1962–2013)

Herausgegeben von

Gertraud Bodendörfer

Allitera Verlag

Weitere Informationen über den Verlag und sein Programm unter:
www.allitera.de

November 2015
Allitera Verlag
Ein Verlag der Buch&media GmbH, München

Umschlaggestaltung: Kay Fretwurst, Freienbrink,
unter Verwendung eines Skizze von Akire Herter
Printed in Germany · ISBN 978-3-86906-812-1

Inhalt

Vorbemerkung

Der vorliegende Band soll und kann eine repräsentative Auswahl aus dem Gesamtwerk des Autors nicht bieten. Dieses – vielfach mehrdimensional, vieldeutig und die Sprache bis an ihre Grenzen ausschöpfend – besteht vorwiegend aus lyrisch-epischen Großformen (siehe Vorwort), die sich dem Leser auf Anhieb nicht so leicht erschließen. Die essayistischen und literarischen Prosatexte, im Gesamtwerk eher weniger vertreten, scheinen daher besser geeignet, im Leser Neugier und Entdeckerfreude zu wecken.

Im Unterschied zu anderen Werken des Autors ist der Band *Der Tastende Strahl* nur relativ gering vertreten, eine Sammlung von 60 Gedichten auf fast durchwegs zeitgenössische Gemälde und Plastiken von 49 Künstlerinnen und Künstlern, mit denen der Autor befreundet war und mit deren Kunst er sich eingehend auseinandergesetzt hat.

Vorwort

Als ich Wilhelm Deinert kennenlernen durfte, im Dezember 2011, empfing er mich in seiner Wohnung in Schwabing. Ein älterer und sehr gepflegter Herr, der mir freundlich Tee anbot und mich in seiner Wohnung, die vor allem aus Büchern zu bestehen schien, herzlich willkommen hieß.

Ich hatte den Auftrag, für das *Kritische Lexikon der deutschsprachigen Gegenwartsliteratur* einen Artikel über ihn zu verfassen, und so hatten wir uns verabredet, um den biographischen Teil dieses Eintrags gemeinsam zu besprechen.

Ehrlich gesagt hatte ich den Namen Wilhelm Deinert zum ersten Mal einige Monate zuvor gehört. Ein Lyriker, sesshaft in München, eigentlich vom Jadebusen stammend, soviel wusste ich, doch an diesem Tag bemerkte ich sofort, dass ich mich mit einem ganz besonderen Menschen und Künstler unterhielt, der eben mehr tat, als einfach ein paar Gedichte zu schreiben, dessen Berufung es nämlich war, Dichter zu sein und der darin, ganz richtig, ein Leben gefunden hatte. Jemand, in Steffen Popps Worten, der Poesie als Lebensform, also »die Annäherung der lebendigen Wirklichkeit an die Vision, ihre Erhebung zum Gedicht« betrieb und für den die Literatur ein Modus, wohl *der* Modus der Welterfahrung war.

Wir unterhielten uns also über sein Leben, angefangen bei seiner Kindheit und Jugend. Zum Beispiel darüber, wie er, als Abiturient für seinen Vater Erledigungen ausführend, ein Gedicht an den Fahrradlenker heftete, um selbst im Fahren noch lesen und auswendig lernen zu können, und wie einer seiner Lehrer ihn damals mit dem Werk Stefan Georges bekannt machte, das sein Schaffen nachhaltig prägen sollte. Oder wie er später in mehreren deutschen Städten studierte und schließlich seine Promotion zum Thema *Ritter und Kosmos im Parzival* in München abschloss. In diese Zeit fiel auch die Veröffentlichung seiner ersten Gedichte *Triadische Wechsel. Zyklus tonalis* (1963) und *Gedrittschein in Oden* (1964), dünne Hefte, die auf den ersten Blick wenig mit den späteren episch-lyrischen Hauptwerken der *Missa Mundana* (1972) oder der *Mauerschau* (1982) zu tun haben, in denen man aber bereits auf der ersten Seite die folgenden richtungsweisenden Zeilen finden kann, die sein Werk nicht nur eröffnen, sondern auch aufschließen:

Dies ist mein adlerflug · in leeren spannt
Er seine halle · dauer sinnt
Ihr tönen · türmt gewölbe auf
Aus namen · an der kimme hält
Ein ring von zeichen wacht · dem gilt der gruss:
Sie rufen sinn zurück · so klingt mein all.

Dieses »so klingt mein all« spannt auf der ersten Seite seines Werks etwas auf, das sich durch alle seine Schriften zieht, das sie eben zu diesem All werden lässt, welches sich mit jeder Zeile dem sorgfältigen Leser nach und nach entfaltet zu einem Ganzen von unermesslicher Weite. Das ist der Raum der Literatur, in dem Deinert mit den Worten, mit den Sätzen spielt, sie auftürmt, sie zerlegt und neu zusammensetzt, um sie dem Leser in die Hand zu drücken, auf dass jener in der Lektüre dasselbe tue.

Deinerts Dichtung steht dabei nicht für sich alleine, sondern sie steht, als Deutung der Realität, in Verbindung mit dem ganzen Universum und muss immer im Zusammenhang mit diesem gelesen werden, wobei sie alles beobachtend und alles auslegend selbst eben All ist. Ein All, das das unsere begleitet, kommentiert und immer wieder neu erfasst.

So ist sein Schreiben auch vielseitig wie das, was er beobachtet, sowohl in seinen Bestandteilen als auch in seinen Ausdrucksformen. Deinerts Wortschatz ist enorm und zeugt von höchster und umfassender Bildung. Seine Sprachgewalt mag dabei manchmal fast übermannend wirken, doch führt einen der Rhythmus seiner Sprache in diesen Momenten dennoch voran, und lässt man sich von ihm führen, so werden die Bilder klarer und klarer.

Auch die von ihm bedienten Formen und Gattungen sind mannigfaltig. Sie reichen von kurzen Gedichten und traumartigen Geschichten, letztere finden sich vor allem in dem Band *Über den First hinaus* (1990), hin zu lyrisch-epischen Großformen, in diesem Band zumindest ausschnitthaft repräsentiert durch zwei Passagen aus *Mauerschau – ein Durchgang* (1982), und umfassen in einer selbstreflexiven Wendung auch zahlreiche Essays, die sich mit Fragen der Literatur, der Kunst und des Lebens auseinandersetzen – reichend von der Frage nach der Sinnhaftigkeit des Lebens über die Veränderung der Lektüreerfahrung durch die Verwendung von Versen bis zu eigenständigen, eindringlichen Deutungen von musikalischen und bildnerischen Formen, um nur einige der Themen zu nennen. Selbst hier aber bleibt das Schwingend-Poetische, das Rhythmische, das Musikalische seiner Lyrik immer erkennbar und setzt dadurch den Inhalt der Essays in ihrer Form und ihrem Ausdruck selbst bereits um.

Als Grundlage scheint Deinert bei alledem von den in der Wirklichkeit gesehenen und gefundenen und vom Auge festgehaltenen Eindrücken auszugehen, mag dies eine Bahnfahrt und das unerwartete Zusammentreffen mit einer Gruppe Jugendlicher wie in »Überfall« aus *Nahe Dran – Im Herzpunkt der Radien* (2012) sein, der Besuch der römischen Zisterne bei Bacoli, der Blick über das winterliche Florenz oder gar ein beängstigend verlaufener Drogentrip, der ihn zu *Die Welt in der Pastille* inspiriert hat. Doch transformiert die Sprache diese Wahrnehmungen in ein Mehr an Bedeutung, sodass die Natur nie nur für die Natur steht, der Silser Brunnen nie nur für den Silser Brunnen, die U-Bahnfahrt nie nur das ist, sondern zugleich eine Reise durch den Hades wird, so etwa in der *Mauerschau*, einem der drei Hauptwerke Wilhelm Deinerts. Ein zweites, *Das Buch vor Ort*, enthält an zentraler Stelle die Partie *Ballade vom Absturz der Zeit. Velims Traum*, einem Text von visionärer Wucht. Die Sprache ordnet die Dinge neu und baut aus ihnen Gebäude, Kathedralen gar, erfindet also eine lyrische Architektur des Alls, in dem sich der Mensch bewegen und seine eigene Position ausloten kann.

Und unter diesem Blickwinkel taucht für mich auch wieder das Bild des Jungen auf, der ein Gedicht an seinen Fahrradlenker heftet, um selbst im Fahren noch lesen zu können. Es ist das Sinnbild für

Deinerts Werk: Die Literatur begleitet uns überallhin, wir bewegen uns in ihr, wenn wir uns auf sie einlassen. Denn sie ist eben selbst Kosmos.

Die Texte dieser Anthologie wurden ausgewählt, um einen vielseitigen Einblick in das Werk Deinerts zu gewähren. So finden sich hier Gedichte von den kurzen Formen aus *Triadische Wechsel* über die leichten und meditativen Verse aus dem *Silser Brunnenbuch* (1998) bis zu den Langgedichten aus *Mauerschau* und *Das Buch vor Ort*. Hinzu kommen die kurzen Erzählungen aus *Über den First hinaus* und *Nahe dran*, die genau das Verfahren der Verarbeitung von Eindrücken der Wirklichkeit und auch des Traums vor Augen führen. Eindrücke besonderer Art finden sich wiederum in den Auszügen aus *An den betenden Ufern* (1994), nämlich Deinerts persönliche Erfahrungen in Indien.

Ergänzt werden diese poetischen Texte durch die poetologischen Texte aus *Der Gesang der Konturen*. Die dichterische Umsetzung seiner Überlegungen zur Verbindung von Literatur und Formen der bildenden Kunst finden Sie beispielhaft in den Gedichten *Pansstunde* und *Träumerin* aus *Der Tastende Strahl – Antwortende Verse auf Bilder um Einlass* (2008). Deinerts Verse antworten hier auf eine antike und eine moderne Skulptur, versuchen die Kunstwerke selbst dabei zum Sprechen, zum Klingen zu bringen.

Diese Anthologie kann für Sie, werte Leserin und werter Leser, ein Einstieg sein in diese Welt der Sprache, ein Einblick in etwas Großes, das Sie sich Stück für Stück erlesen und erdenken können, das Sie auf unbekannte Wege führen wird, auf denen Sie, sorgfältig und geduldig voranschreitend, mehr und mehr entdecken werden.

Tobias Unterhuber, im April 2015

Aus: Triadische Wechsel (1962/63)

Dies ist mein adlerflug · in leeren spannt
Er seine halle · dauer sinnt
Ihr tönen · türmt gewölbe auf
Aus namen · an der kimme hält
Ein ring von zeichen wacht · dem gilt der gruss:
Sie rufen sinn zurück – so klingt mein all.

Ein speer in flammen ruderlos
Geschleudert in den flug – gekrümmte wand
Aus schwärzen lückenlos: die scheibe flieht –
Sturzseen der räume über dem haupt
Zunder der sterne ungestillt
Durchstiebend – schweif von aschen hinterdrein.

Aus: Mauerschau – ein Durchgang (1982)

Die Unterfahrt
24. Strecke: Alleingang

(Passage auf dem Motorrad)*

DER ICH:
ER HÄLT! – im ledrigen glanzzeug, gespornt
und geschient – auf dem gelb-schwarzen feuerstuhl,
dem du gar nicht gewunken hast!
Ein grimmiger mannsblick ›Wohin?‹
unterm rachenhelm
wie vom Schlagetot aus dem löwenfell
spannte vor mir die kentaurenbrust
und herrschte mich auf den hintersitz
›Halt dich fest!‹

DER LOTSE:
– und man fasste den schopf beim mann..
So sind wir menschen!
Und das stössige ding,
das da zwischen den Schenkeln strammt,
geht mit einem durch: auf bein und hals –
brich oder balz – – Das verpönte getier
ist auf einmal so untier nicht –
ist leidsam, sehr leitsam
sogar. Es hat den karfunkelstein
im kopf, einen funken im koker.
Spannehalb unter dir rumort
eine schmiede in klein
dienstbarer dämonen
mit dem Ätna darübergestülpt.
Nicht sie – er ist das Verhängnis, der wirrgeist
und widerwart: er kokelt und blasebalgt
hinein. Eine beilast wie du
ist für das schleudern gut: nun erst recht –
es geht an den treff! Und du mussst über part –
über kröten und igelfladen
durch den teer und den teufelsdreck

hurtet der brockenritt
auf dem gelben hahn, fährt die hatz
auf dem heulenden ofenrohr –
und reisst sich die wunder
der welt unters lid.

DER ICH:
Er nicht: wie im zuckeltrab –
auf den hufen beinah, die die schwalbe trägt,
mit dem lenker beinah,
dessen arme der zügel sind –
das gedrosselte tuckern
der talfahrt
unter mir, im leibhaften windschutz
an den mustang geschmiegt –
nur ein flügeln, das wechselnde schichten
von kühle und nachwarm
um die schläfen rieb – in die kehren gehalst,
windschnittige kurvenspiele, im schwingmaass
der mäander hindurchgewendelt,
mit einer sammlung, geruhlichkeit
jede einbucht und aus-
der bewaldeten walme
umsegelnd –

DER LOTSE:
– mit dem knebel des fahrwinds
im mund und gehör
kein mögliches wort
hin und her – einen berstenden fluchtpunkt
vor dem lampenkeil, aus dem es heranstreicht
in die tränenden windbraun.
Der gefrässige schlundrand
mit entzündeter Iris
frisst es ein, sich darein – ein schachtstück

aus dem schmirgelnden schleifband
der verwischten zeit,
das kopfüber zusammen
in den kielgang des schattens stürzt –
und an seinen ausgang kehrt
auf seitlichen wendeschleifen, dass du wie ein tier
je rasender undurchdringlicher
nur das drehende rollbett siehst,
das du auf der stelle trittst.

DER ICH:
Ein lampeninneres
eher, gleitet mit uns
und inselt den ausbug
durch die nacht: die ewige dunkelwand
immer dann, wenn sie nahe kam
mit der leuchte spaltend, schob es das ende
im maasse der weiterfahrt hinaus –
und erhellte die anflucht
der spiegelnden pfosten
aus warnglas und meldesäulen
zur langen einfahrt – –
Wo der hochrand darüber
vor der winzigen hellung mitlief,
schlug ein wildes geschlüfte
verkreisender hochgebirge
über uns zusammen –
und blieb nach und nach zurück und gab
eine wimper von aussicht nach oben frei.
So vor uns: in breiter münde
trat es aus – – Und sein blinker zur linken
winkte auf: er fährt einen abschweif
an den vorplatz, vor die stufen des aufgangs
unter der grossen uhr – – Der schlangenwulst
unter mir lief aus – eine schwebende scheibe

aus schraffen zerfiel
und spreizte den windstern – – Mein benommenes ›Danke,
du Guter – alles gute dir
und dass du gehalten hast!‹
barscht er ab
mit dem zornbraus der anfahrt – –
Da standen wir – nein ich –

DER LOTSE:
Wehwohliges gliederstrecken –
man humpelt sich halbverschämt
in sich zurück – reiseverlustig
als sei es die erde nicht, nur der mond
was man unter den füssen hat – und vermisst
eine Seele-wo-bist-du?
die zurückgeblieben
ist, weil die reise zu hastig war,
dass man warten und dämmern muss,
bis sie nachkommt –

*Titel hier wie beim folgenden Text auf S. 23 nicht im Original

[Auf den »karfunkelstein im kopf« angesprochen, berichtete der Autor vor Jahren, die Szene beruhe auf einer Begebenheit nach dem Abstieg von einer Bergtour in den Tegernseer Bergen, und zwar ins Tal der Kreuther Ache. »karfunkelstein« ist eine Metapher für das Zündschloss des Motorrads. Im Internet ist von verschiedenen magischen Bewandtnissen die Rede, zum Beispiel, dass Karfunkelsteine wertvolle Steine in den Köpfen von Drachen seien und dazu dienen könnten, Drachen zu beschwören.]

(In der U-Bahn)*

DER ICH (zu der Behinderten)
Langsam langsam – purpur ist schneckenblut!
Und vorsicht, stufe –
nur für uns: euer funkelndes rad
federt über die angeln
und stolperstufen. In manchem
scheint es euch leichter gemacht
als uns – um, sagen wir, weise zu werden.
Was bleibt euch erspart
an allen den irr-
und eitelwegen –
dass wir andern uns schämen
für das derbe gesundsein, als wär's
euch gestohlen. Es täuscht nur:
um welchen es arm ist
und leer, der IST die fülle –
wie der duft sich nicht riechen kann.
Vielleicht geht die rechnung auf:
was ihr zahlt und davontragt.

DIE BEHINDERTE:
Wir weiser? bestohlen? Ihr seid es, die uns
beschämen und uns
ein gewissen macht,
wenn wir schwelgen auf unsre art.
Und rechnung? bezahlen? Nicht mehr
als ihr: nur dem pförtner ein trinkgeld
für den freibesuch
im schloss – für die freifahrt im zug.

DER ICH:
Nun nun, man soll auch sein leid
nicht verleugnen: es gibt keinen trost,

wie wenn da ein grösseres ist
und verwunden wird. Das ist es, was euch
unentbehrlich für uns, euer dulden
zu unsrer erlösung macht: dass durch euer grösseres
unser kleines zu nichte wird – diese nichtigen wünsche
durch euer entbehren,
euer glücklich-sein ohne sie.

DIE BEHINDERTE:
Zu nichte? Wenn ihr nicht weiterlebt
wie ihr lebt, und verstummt
wenn wir kommen, verwandelt ihr uns
zum gespenst –
wie ihr es nicht wollen werdet, dass euer leid
einem andren die welt verleidet. Leide ich,
so leide ich mir – mit dem stolz,
der die zeche bezahlen kann. Unserthalb
dürft ihr ruhig sein: wir halten uns schadlos
und schuldenfrei. Seht ihr zu,
wie ihr selbst aus der kreide kommt –
wenn ihr nicht beschenkt sein wollt.

DER ICH:
Das ist es, dass ihr
heraus seid – dass ihr von euch ab
von irgendwo über euch
auf das leid, leidwesen herabseht und so
das gefälle um-, euren mangel zur fülle
(wie die taschen herausgestülpt)
alles ängstliche einziehn,
das nur auf sich zieht,
wie das angstflehn der augen
zum heilquell gewendet habt –
als der strömenden wasserhaut,
hinter welcher ihr sicher seid.

DIE BEHINDERTE:
Schon wieder: herabsehn,
fülle, verströmen.. Nur das
was man selber genommen,
ausnahmsweise ergünstigt hat,
zieht weiter, geht
seiner wege durch einen durch..
Wer ein gnadenbild aus uns macht,
rückt uns hinter glas
und macht meinen stuhl
zu der schranke – die verchromte herrlichkeit,
von der mir die augen wehtun,
zu den dornen und kerzen davor – – Jeder kann das –
in jedem geschieht es
(wie man sieht) woher wüsstest du es?
als wärest du irgendwann
meinesgleichen gewesen.. Aber
tauschen? wer weiss,
ob es einem so unverwundbar,
so bereit zu gehen,
so in seinem schicksal zu haus
wie ein bild in der nische wäre – –

DER ICH:
Das ist es – schon wieder:
wir spielen es durch, ihr SEID –
du BIST es. Ich übe mich nur
für den fall – du hast es – –
Was hast du für hände: was du berührst,
ist verwandelt. Was hast du für lippen:
was du nennst, ist ernannt. Und was hast du
für augen: was du gewahrst,
ist verwahrt – – Nimm ein tuch
um die schultern – meinen schal!
draussen zieht es – wir sind spät daran.

Aus: Über den First hinaus (1983–1990)

[Zum Verständnis: Ein Großteil der Texte dieses Buches beruht nach einer früheren Mitteilung des Autors auf realen Träumen; der erste auf einem Drogenversuch.]

Welt in der Pastille

Bei der bücherwand fing es an: durch ihre sprossen wellte es sich und sprang auf den schreibtisch über, durchlief seine kanten und steckte den bilderrahmen in seiner nähe an. Zu beiden seiten schleicht es aufwärts und hat schon die decke erreicht. Sie umgleitend knickt es am türrahmen wieder nach unten, fluktuiert die fussleisten hindurch, kriecht an den stuhlbeinen hoch und wickelt sich durch ihre stege einwärts in eckigen spiralen. Auf dem teppich fährt es in alle linien seines musters und versetzt sie in schlangenbewegung wie gespiegelte halme auf einer wasserfläche. An allen wänden züngelt es nun durch die vorhangfalten und bücherrücken hinan: brennende bücher blättern sich auf, die luft ist gestrichelt und schnürlt. Der boden wurmt, alle farben rauchen, die umrisse spalten und lösen sich ab – scheinen in einer strömung abzutreiben. Wo ich hinsehe, entzündet mein blick das gleiche fiebern und fluten. Mich umgibt ein wabernder käfig, ich löse mich auf in die schlängelnden stäbe, splissen und maserungen. Ich und der raum sind der schleiernde ausschnitt eines wasserfalls in bengalischen feuerwerken.

Ich flüchte mich hinter meine lider – da ist es auch dort. Eine rahm- oder molkeschicht wie schimmelpilze lappt sich in fladen auf, die zu hüpfen beginnen wie quallen. Und schreien – wie fetzen lebenden fleisches auf einer heissen platte. Meine lider werden zur innenwand eines schoosses: knorpelige lippen und gebärmutterfalten bewegen sich um mich und saugen an mir und gebären mich. Sie verwandeln sich in münder, lächelnd und wieder leidend, und gehen in den grund ein wie die ausgestrichenen falten eines feuchten fleischfarbenen tuches. Das sich von neuem zusammenkrimpft: gelbrot geränderte wülste und schlitze treten hervor. Ein wurmfrass und nagender weltgrund aus raupenmäulern wird sichtbar, der sich verzieht und rümpft wie eine magenwand. Widerlich schmatzende münder in einem hämischen lippenspiel langer herabgezogener winkel erscheinen mit bösen polypenaugen, deren jedes eine angriffsfläche von mir bespäht und im triumph eines mitwissers und spions mit einem geheimnis von mir in dem geschlinge untertaucht. Die hölle ist ein eingeweide in konvulsionen, das mich und die welt verdaut.

Ich vergrabe mich in mir selbst und sitze in hocke um mich herum. Da werden meine arme und beine zu den flossen und gliedmaassen eines embryos. Mich noch enger rollend bin ich nur mehr ein klopfender herzmuskel um mein blut. Und das blut fliesst mir ohne adern davon. Ich bin ein roter strom und der pulsschlag, der ihn bewegt, und verliere mich in einem meer oder das meer bricht in mich ein und verschlingt mich wie ein wellental unter brechern. Ich drehe mich als ein strudel, der sich in die tiefe zieht, und bin die wirbelnde wasserwand und der hohlraum, um den sie quirlt – –

Ich kann mich bewegen – wenn ich mich wiege, wiegt sich ein grosser taifun. Sein fuss reisst den boden und alles, was auf ihm ist, in seinen kreisel. Der kraterrand, wie eine sirene kreisend, schluchtet sich steiler und steiler hinauf. Mein lautlos singender mund malt die himmlische rose aus – die chöre der Seligen in ihrem inneren sind meine zähne. Alles könnte aus mir hervorgehen: sobald ich mich seitlich biege, hebe ich regenbögen aus meiner flanke und werfe brücken bis an die Plejaden aus. Ich klatsche in die hände und schwärme von feuervögeln gischten aus einer rosa schäumenden wassermusik. Die sterne, die aus meinen augen trubeln, sind die geburten meiner seele; ich sehe ihnen wie ein raucher der auflösung seiner ringe nach. Wenn ich den kopf in drehung versetze, sind es kuppeln die ich höher und höher schraube. Wie ein Jongleur seine reifen schwinge ich sie um meine stirn und trage sie an das fenster. Da fassen die bäume sich an und tanzen entgegengesetzt zu ihnen. Sie stecken die häuser an, die häuser reissen den horizont mit und der horizont zerreisst in fetzen eines flammenden vorhangs und gibt das innere des himmels frei. Die erde wird ein feuerflüssiger ausbruch und wirft mich in einem wetterflackern von irrsinn und weltuntergang in ihn hinein.

Nicht einer – viele himmel rotieren um mich und umeinander in durchbrochenen schalen. Immer andere durchblicke öffnen sich in rasender veränderung. Ich sehe einander durchdringende Sphären mit felgen von tierkreisen in allen schrägen und kreuzungen. Breite planetenreifen, die mit juwelen und sternbildern besetzt sind, queren sie wie geschwenkte lichtkegel durch buntes glas. Der fixsternhimmel hinter ihnen besteht aus schillernden perlmutter- und seeigelschalen, die sich auseinander abschälen. Dann wieder klüften sich blendend helle raumschluchten von Wendeltreppen in unendliche perspektiven und verschlingen sich wie wellen riesiger fleischwölfe. Oder bin ich im bereich der atome und das sind riesenmoleküle in kristallinen gerüsten, die wie eisblumen den raum durchschiessen? Um und durch sie hindurch bördeln und spulen sich gemusterte litzen und lochbänder ab, sich verdoppelnd und verzahnend wie reissverschlüsse. Ein uhrwerk durcheinander kurvender raupenbahnen entsteht, deren kabinen als zahnräder ineinander greifen. Ein aufgerissenes bergwerk mit unabsehlichen paternostern, baggerketten und förderbändern, loren die auf schwebenden gleisen fahren, zwischen auf- und absteigenden grubenlampen wie katzenaugen an gedrehten pedalen – nämlich piranesische foltergewölbe mit haspeln und hebeln an händelos kurbelnden winden zwischen göpeln und mühlenarmen, die mit stechenden scheinwerfern alle winkel bestreichen.

All das strömt auf mich ab, teilt sich um meine schläfen mich über- und unterflutend, als durchflöge ich es auf einem schleudersitz. Verschluchtete seitengänge einer planetarischen spielhölle drehen mir ihre fluchten zu mit spiegelkabinetten voll umspringender flutlichter die magische stimmungen machen. Sie rucken mit wechselnden farben über die zahlenrosetten mit unleserlichen ziffern, glücksautomaten und kaskadenförmige orgelwände. Bin ich – jawohl ich bin hier auf einem nonplusultra von jahrmarkt, auf einer galaktischen oktoberwiese mit riesenschaukeln, schwebebahnen und lampionen und sich verformenden karussellen. Lauter reeperbahnen und strassen Montmartres unter roten mühlen und laufschriften ohne worte sehe ich in durcheinander verstürzten etagen und grabenbrüchen eines Megalopolis aller superlative und sensationen.

Das also ist das arkanum der synthetischen mystik: ein kosmisches tingeltangel und interstellares trararium mit einer nonstop- und superschau in *Suoni e Luci*! Denn ich höre ein branden elektronischer klänge in an- und abschwellenden vibrati, harpeggien und tremoli süsslicher kadenzen und register.

Aber indem das panoptikum von dunkelrissen durchschossen wird, geht das schwallen und widerhallen in abgerissene sturzseen metallischer tutti und massenchöre über. Aus allen kulissen heult, gellt, kreischt es in meine ohren:

»Weh! Weh! Du hast sie zerstört –«

Wie ein schrei, ein blutsturz aus meinem mund treibt das infernalische paradies hinweg. An seiner stelle bleibt ein klageweinen sehr hoher stimmen wie aus einem brennenden haus:

»Die schöne welt,
Sie stürzt, sie zerfällt!«

das immer tonloser und zu einem heiseren keuchen und flüstern meiner eigenen stimme wird:

»Du hast sie zerstört,
die schöne welt –
Weh weh, sie zerfällt!« – –

Und es sollte doch nur – diese kleine verbotene weisse linse von unter der hand – eine eintrittskarte zu einer matinee, einer theaterprobe mit blicken hinter die bühne sein. In eine loge dachtest du dich zu setzen und das jenseits vor deinen sessel kommen zu lassen. Das ganze tapezierte haus – dich selbst samt deiner welt – hat es weggefegt, und alles ist strahlenverseucht, geschändet, hintergangen – bis in die innerste seele du selbst vergiftet – –

Aus meiner erinnerung taucht ein kleines blondes kind unter einem gartenbaum, der von staren gurrt. Es streckt seine hände nach einem maassliebchen aus und kräht und lallt vor entzücken – –

Im schmutzig-schillernden farbenspiel einer ölpest an meeresküsten dünt das lavieren und rändern meiner augen aus. Schwarze wände und höfe sind da, über die es in stössen von nachglut läuft und säume von ausgeglühtem kupfer zurücklässt. Da ist es die untergehende sonne in meinem rücken, die aus einem wolkenriss tritt und die häuser wie erze rötet – in tönungen die der gliederschmerz, das gelähmte gefühl wie beim abzug eines fiebers in meinen gelenken sind. Im dunklerwerden verschmilzt sie mein hinsehen in einen bronzeschirm, der mit dem gewölkten luftraum zu einer nische aus schwärzlichem goldgrund zusammenwächst. Riesenhaft steht sie wie mein gegenauge vor meinem augball, einen doppelchörigen dom miteinander bildend. In der gegenapsis, in die ich durch die gemeinsame pupille wie durch einen triumphbogen blicke, west etwas an – und wenn es die leere ist – und wird von der hohlen hinterwand in mich herein geworfen als der nachhall eines mächtigen gongs, den das ohr nicht mehr hört, der nur das rückenmark als ein leisestes vibrieren trifft. Ich fühle einen steil errichteten bläulichen gasbrand in mir, den es weiter schürt, immer feiner und heftiger. Von allen seiten schienen unsichtbare wölbungen auf mich einzuwirken. In ihrem brennpunkt musste mein herz sich befinden, denn ich verspürte einen hohlsog nach überall, der es zu weiten schien oder von ihm angezogen als ein zusammenbrechender stern in seine schwärze stürzte – –

Dann – irgendwann – öffnete ich meine augen, und aus dieser schwärze, über den wehenden umriss der bäume, in das lilastichige nachtblau, taumelnd zuerst in gehversuchen eines kleinen kindes, und sicherer werdend auf eine niebegangene fährte des weltbeginns, wiegte sich, tanzte in wegebahnenden spannen der erste, unbestreitbare, sich und seine stelle behauptende, brennend reine stern.

Indem ich schal und mütze vom haken lange und an den geländerwendeln mich hinuntertastend meinen schritten leidliche festigkeit gebe, weiss ich, dass ich es nie wieder anrühren werde.

Die Magier

Der Verführer

Das geaugte rad – wie ein hohlspiegel aufgestellt um den blauen kopf mit vibrierender krone – richtet er auf sie, und ruckweise rückt er an, mit bemessenen pausen, wo er sich wirken lässt. Zuletzt, mit allen federn rauschend und rüttelnd, springt er aus dem stande ohne ausholen zu.

Erfahrene hennen lässt das kalt: sie treten ein wenig beiseite und picken weiter.

Lago Maggiore

Hier war es, wo mir die romantische Göttin erschienen ist – eine alternde schönheit mit zu reichlich aufgetragenen augenschatten zwischen bleiglanz und übernächtigkeit. Bisweilen im mondlicht, das sie – wie die reiferen damen eine kerzenbeleuchtung – bevorzugt, treibt sie einen äussersten aufwand von zauberkünstem und späht unterm fächeln und wimpernschlag nach allen seiten aus, ob sie noch mächtig sind. Dann drücken wir alten verehrer höfliche augen zu und klatschen ihr beifall. Wirklich fällt es nicht schwer dann, die Meisterin aller blauen verschleierungen wiederzuerkennen und in die töne und schwärmereien unsrer vergangenheit zurückzufallen.

Aber sie ist sich ihres Sieges nicht mehr sicher und wittert herablassung, mitleid: eine spöttische oberlippe genügt, um sie erlöschen zu lassen, mit immer tieferen trauerspuren unter den pudern und pasten, die alsdann von den verwitterungsfurchen auf allen hängen nicht mehr zu unterscheiden sind, von denen mit jedem regen eine lehmige flut, die ihn verlanden – mit jeder dürre eine staubige haut, die ihn verkrusten, in deren sprüngen sie allmählich versinken wird, in ihren spiegel fällt.

Das Fenster

Ich erwache in einem zimmer, das nur mit einem stuhl in der mitte und einem gasherd versehen ist, auf den dielen liegend. Im kopf und den augen spüre ich eine schmerzhafte benommenheit – mich alarmiert ein geruch: es ist gas ausgeströmt! und lagert am boden, ebendort wo ich atme. Wenn du dich nicht aufraffst und zwar in dieser sekunde, bist du verloren – – Aber nicht nur meine glieder, auch mein denken ist schon gelähmt. Immerfort entsinken mir und verwirren sich meine gedanken. Mühsam, als gälte es eine schwere kupplung zwischen güterwagen zu heben und einzuhängen, muss ich diese einfache verknüpfung zusammenhalten: ›Wenn du dich nicht aufraffst und zwar in dieser sekunde, bist du verloren!‹ und muss sie vorantreiben in zähen vorstössen zu einem entschluss. Immer tiefer indessen versinke ich in einer asphaltenen masse aus betäubung und schwere, die allmählich erstarrt und schon die geringste bewegung verhindert. Mit verzerrter anspannung meines willens ringe ich eine schulter los und wende mich auf die seite dem stuhl zu. Ich löse meine fühllos eingeschlafenen arme finger- um fingerbreit aus der verklebung und fasse ein stuhlbein. Mein kopf ist mit einem eisernen stirnband an den estrich wie an einen block geschmiedet, und so hebe ich ihn – nein, Sisyphos stemmt, wuchtet, wälzt seinen stein einen hang, der nicht enden will, hinan – und lege ihn auf die platte. Keine grössere wohltat gibt es in allen himmeln, als so bleiben, so weiterruhen, in eine seligkeit von schlaf und erschöpfung versinken zu dürfen. Aber es hämmert weiter: ›Wenn du dich nicht ermannst und zwar in dieser sekunde, bist du verloren‹ – – Widerstrebend, voll missmut und überdruss wie ein aus dem nachtschlaf gestossener sklave greife ich hand über hand nach dem steg und den höheren sprossen und raffe mit einem stechenden andrang in den schläfen meinen leib griff um griff an der lehne auf. Ich stehe, aber mir schwindelt, meine kniee versagen – mit dem unterarm vor der stirn taumle ich an den boden. Im stürzen gelingt es mir, meinem fall eine richtung zum fenster zu geben und so schlage ich mit den ellenbogen auf der fensterbank auf, nicht mehr fähig, die vor schlafsucht und ruhedurst brennenden lider zu heben.

›Wenn du dich nicht zusammennimmst‹ – – Aufraffen, ermannen, zusammennehmen – wozu denn diesen fels auf der brust, den man atem nennt, nicht abtun, nicht rollen, versinken lassen und ewig und unersättlich so ruhen und schlafen, schlafen, nur weiterschlafen – – Da streicht, leise kühlend, benetzend, mit winzigem prickeln in meine nüstern wie eine erinnerung an betaute wiesen, vorgärten und lindenblüte ein rinnsal von aussenluft und verschärft und verdeutlicht den schon nicht mehr bemerkten bituminösen schwel, der mich benebelt. Wie ein auszug von leichengift aus den massengräbern der jahrtausende voll kadaver und krustentiere widert es in meine sinne und ruft einen brechreiz von ekel und auflehnung hervor, der meinen körper zum fenster stösst. Es ist einen spalt geöffnet! Mit den lippen am quell, der gier eines säuglings sauge ich tagluft, muttermilch der sonne, die durch eine linde fällt. Sie weitet sich in meinen lungen und in einem wehen und wogen streckt ihre äste nach und nach mich errichtend über den asphaltierten hof mit den kübeln und blechgaragen in das getrübte blau. Bis ich manns genug bin es vollends aufzustossen.

Ein Kampf

Eine krücke tappt durch mein zimmer. Die schubfächer schlurfen. Es raschelt in meinen papieren und durchstöbert sie eilig, als ob sie nicht das gesuchte seien. Immer näher an mein geheimfach. Ich liege atemlos, empört und gelähmt zugleich. Da schnellt aus der dunkelheit eine faust an meine kehle und schnürt sie wie eine eiserne klammer zu. Ich rolle mich hintenüber zusammen und beide füsse auf seine brust setzend stemme ich meinen unsichtbaren gegner zurück. Indem ich mein keuchen unterdrücke – denn er muss noch im zimmer sein – taste ich mich nach der Tessiner machete an meiner wand. Sogleich fährt ein pfeifender hieb auf mich herab. Abwehrend halte ich meine waffe über den kopf und nach jeder seite, aus der mich ein tückischer schlag nach dem anderen trifft. Ich lasse sie kreisen, ohne auch nur seine krücke geschweige ihn selbst zu streifen. Meine deckung preisgebend schlage ich blindwütig und jammernd auf ihn ein – und spüre einen heftigen anprall! Da ist meine klinge aus dem heft gebrochen, und ich höre, wie er sie nimmt und, als wäre sie eine attrappe aus stanniol, sie zusammenknittert. Wie eine klirrende lache wirft er sie mir vor die füsse.

Ich lasse mich niedersinken und lege den kopf auf das bett, den endgültigen streich erwartend. Nichts erfolgt – – Unendlicher friede, soweit mein verängstetes horchen reicht. In winzigen atemschritten zieht eine dämmerung in mich ein, die sich in meiner brust ausdehnt, und fliesst mit dem morgenhimmel aus ununterschiedenem licht zusammen, den ich durch meine lider wahrnehme. Mich umgibt eine allgegenwärtige milde blendung, an die meine augen sich mühsam und ungläubig gewöhnen.

Die Kathedrale

Ich höre singen aus einer hallenkirche und trete ein. Man sagt mir, es finde eben ein jugendtreffen aller länder statt. Durch lockere spannseile, die die weitläufigen schiffe unterteilen, gehe ich um mich blickend voran. Eine ansage fordert zu gemeinsamem beten auf. Wo ich mich befinde beten sie stehend, auf das vorbild eines alten Kardinals. In anderen abteilen knieen sie, werfen der länge nach sich zu boden oder bleiben sitzen, eines der kunstwerke an den wänden und pfeilern betrachtend. Dann werden gespräche, musik oder lesungen hörbar; andere singen oder scheinen mit geschlossenen augen weiterzubeten. So auch unser Kardinal. Man belächelt sein gestrenges stehenbleiben und fügt sich. Aber es läuft eine stimmung um, sich zu setzen. Da scheint auch er zu ermüden und verkündet: ›Considamus et nos‹. Heiterkeit und befreites sich-nieder-lassen. Ich nehme in der hintersten reihe der ansteigenden sitze platz, um den ganzen dom überschauen zu können.

›Nach dem siebenten konzil‹, so erläutert der Kardinal, ›schien es geboten, ihn umzugestalten. Den hochaltar haben wir aller bilder und zeichen entkleidet und ihn dem Namenlosen geweiht. Wir begnügen uns mit einer seitenkapelle – wie unsere brüder aller bekenntnisse, die wir eingeladen haben, des Vaters tempel, der viele altäre hat, mit uns zu teilen.‹

Durch die gelagerten gruppen schreitend, fährt er fort: ›Dies hier, die weitherzigsten unserer gäste und gewilltesten, den gemeinsamen Höchsten in allen gestalten mitzuverehren, unsere unermüdlichsten sinner und selbstergründer im lotossitz, sind die zöglinge von Paramahamsas orden. Neben ihnen in allen bussen und entbehrungen ihre lächelnde seele bewahrend, uns kinder der welt mit nicht zu erschütternder milde beschämend, ehren die armutgesegneten jünger Śakyamunis unsre gemeinde. Dschelaleddins reigentänzer, die verzückten sänger des sphärentons leuchten uns nüchternen kalten im seligen schmetterlingstaumel um das göttliche licht voran.‹

So benannte und pries er, was jede schar vor den anderen auszeichnete. ›Alle fahren sie fort, nach ihren bräuchen und jahresläufen zu feiern. Einmal im monat aber kommt, wer am ort ist, zu gemeinsamem dienst zusammen, und wir versichern uns unsrer wechselseitigen ehrfurcht vor den offenbarungen aller wege mit diesem bekenntnis:

– Ich glaube an die all-einige allgestaltige gottheit, den innersten grund alles sichtbaren und unsichtbaren, gegenwärtig im himmel also auch auf erden;
– und an ihre erscheinung in söhnen und töchtern aller zeiten und räume, teilhaftig des ewigen in der zeit, darstellend den weg, die wahrheit und das leben in ihrer gestalt und stunde, für unsere sinne fassbar und sie erleuchtend, wo ihr schwächerer anteil am gleichen lichte nicht hinlangt;
– und an ihre wirksamkeit im lebendigen geist, dessen ein funke in unser jeglichem lebt und leuchte und durch uns zurückkehrt zum höchsten und letzten licht und geheimnis;
– und wir bekennen die gemeinsamkeit aller menschen, deren jegliche weise zur bekundung des göttlichen seins unentbehrlich und unersetzlich, und dieser erde, die unser aller mutter und gemeinsames schicksal ist, das kleinod des weltalls, zustandegekommen unter myriaden würfen aus dumpfer und lebloser masse, deren geringstes geschöpf uns anvertraut und von unermesslicher kostbarkeit und verkündung des göttlichen wesens ist – –

Dann tragen wir unsere feier aus unser aller heiligen büchern zusammen und kehren, gewisser zugleich und bescheidener, an unsere getrennten wege und tagewerke. ‹

Allerenden setzt ein rüstiger aufbruch ein: man räumt seine lagerplätze und rollt seine decken und vorräte zusammen.

Ich sehe ausfallstrassen voll winkender junger leute in bunten hemden zu beiden seiten, mit wandergepäck und schildern der reiseziele, die sich lagern und warten. Sie musternd und wiedergemustert wandre ich nicht ohne spottlust an ihnen vorüber. Aber sie überholen mich, von freundlichen fahrern mitgenommen, und lachen zurück. Ich beneide sie nicht, denn diese wanderung habe ich ihnen voraus und könnte wie sie von dem allgemeinen strom mich befördern lassen, wenn ich nur winken wollte. Mit besserer aussicht als sie, denn schon bin ich nur mehr der einzige, der am rande steht. Und je weiter mich meine füsse tragen, umso mehr seitenströme sind eingeflossen. Aber ich möchte noch ein paar orte und gegenden an unbefahrenen strassen besuchen.

*

Ich höre singen aus einem park und trete ein. Es muss hinterm schilfrand an seiner rückseite sein. Durch die halme sehe ich menschen in freizeit- und badekleidern, die sich im kreis gefasst halten und wie mit geschlossenen augen mehr summen als singen – ein mittelding zwischen gospelgesang und mystischem walzer, nach dem sie sich wiegen – leise schwelgend, verhalten, wie einen meereswind nie betretener strände trinkend. Ein langsamer wirbel aus warmluft und trunkenheit wie der aufwärts rinnende duft nach einem sommerregen steigt aus dem ring. Sollte es möglich sein? sie feiern den grossen Pan und wissen es selber nicht.

Aus: An den betenden Ufern. Brief aus Benares (1994)

Vorboten

»Indien ist überall«

.. Wir sind's,
von den küsten des westwinds, der uns
und die bäume zum osten neigt!
[aus: Die Belagerung. 3. Kap.: An die Quellen]

[Wanderzirkus der Kindheit: Die Zigeunerin]

..Hüü und hott! mit dem sehnigen treiber
(was schaut) und dem peitschen-
stiel nebenher wie ein tanzender fiedelbogen
(aus der fahrenden jurte)
und die mageren pferde davor *(für ein augenpaar)*
durch den tauwetterkot *(aus dem märchen-*
buch) an das mastengeviert
(von dem indischen königskind) mit dem »Hö!« und
»Hauruck!« *(und liess)* an bewimpelten seilen
gehievt *(ein smaragdenes glimmen)*. – Da stieg ein portal
(auf dem boden der seele) aus dem – vielmehr:
in das Morgenland *(zurück)*!

[aus: Wiegengesang. 6. Kap.: Die Maienbraut]

[Bombennächte des Krieges:
Bhairavī – Die »Furchtbare«]

Für einen triumphzug, ein nieder-
beugendes sich-enthüllen
trat die Furchtbare aus
dem brennenden vorhang
mit der krone aus brandbomben um die stirn,
dreifachen patronengurten um
die metallenen brüste
und dem rollenden gürtel aus totenschädeln,
die geschwader von bombern
und raketen
aus der phosphornen mähne schleudert,
mit vervielfachten armen
in puffen aus rauchpilz
flammenwerfer und brennende türme schwingt,
kastagnetten aus vierlingsgeschützen
und maschinengewehren schlägt – und tanzte,
sturmläutende schellen am fuss,
und stampfte das menschenwerk in den grund – –

[aus: Wiegengesang. 6. Kap.: Die Maienbraut]

[Die Hippies. Gurus und ihre Folger]

Gefallene, meinetwegen:
abgefallene der zeit – sei ihnen dankbar,
den strandern, sie stecken die rinne ab
mit den wracks ihrer selbst,
zwischen denen du sicher fährst..
Auf der schiefen bahn – ja und nein – wo immer
sie sind: auf den ufertreppen
der letzten wallfahrt
mit den flüssen der sterbenden
in den heiligen strom getaucht – –

Wallfahrt

Mit Namṛtā und Renukā

Blauer schmetterling, blüten-
schleife im schwarzen glanzhaar
faltern zur seite und mir
voran. Sie winken zu kokos-
schale und halm und führen mich schattige
stufen zu Śivas steinernen
bildern hinan. Achate und amethyste
gleiten durch spielende
finger. Sie halten sich ketten,
korallen und saphire an – und weben
eine wolke aus campa- und candu-
düften um meinen hut-

Atmender fels aus versteinerten
lidern im grottenschein
flösst einen ruhestrom von jenseits
der jahrtausende ein, ein lächeln von jenseits der bläue
auf erlöschenden lippen..

Der abendgerötete
schaum überm kiel umsprüht
ihre stirnen. Windstoss
treibt eine lotosstrahlige
blüte ins ungewesne hinaus.
Eintaucht der mohnrote
bindi des tags im basaltgrün
des meers und der höhlen von Elephanta – –

Indisches Ohrenklingen
Übertragungen

Kindessegen

Für die Indischen Kinder Barbaras und Eberhards

Der vater möge mit einem goldenen löffel ihm einflössen
ein wenig butter und honig, dem eine spur von goldstaub
beigemengt sei, und sprechen:

›Ich speise dich mit dem weistum des honigs,
mit butter, der gabe des schönen Savitā.
Werde dir langes leben, von göttern behütet,
hundert kreisende herbste in dieser welt zu leben.‹

Mit den lippen am ohr des kindes murmle er:

›Des geistes gaben gewähre dir Savitā,
gaben des geistes dir Sarasvatī.
Mögen die Aśvin dir geistesgaben
gewähren im lotoskranz.‹

Nahe dem nabel spreche er leise:

›Voll sind die götter des lebens,
Durch ihre speise des lebens voll:
kraft ihres segens werde des lebens voll.

Voll ist der soma des lebens,
Durch würze des lebens voll:
kraft seines segens werde des lebens voll.

Voll sind die Weisen des lebens,
durch ihre dienste des lebens voll:
kraft ihres segens werde des lebens voll.

Voll sind die ahnen des lebens,
durch ihre opfer des lebens voll:
kraft ihres segens werde des lebens voll.

Voll ist das opfer des lebens,
durch spenden des lebens voll:
kraft seines segens werde des lebens voll.

Voll sind die meere des lebens,
durch ströme des lebens voll:
kraft ihres segens werde des lebens voll.

[aus den Sutren des Hausstandes]

Kinderlied

Blaues wasser rings,
fischlein schwimmt darin
munter und vergnügt.

Aber schlängelein
(lotos es verdeckt)
fischlein töten wills.

Klapperstorchenweib
sitzt auf einem baum:
schlänglein töten wills.

Blaues wasser rings,
fischlein schwimmt darin
munter und vergnügt – –

[aus dem Oriya des Raghunāth Panigrahi]

Aus: Das Silser Brunnenbuch (1998)

I. Brunnengespräch

Unscheinbar, kaum beachtet steht am dorfplatz von Sils-Baselgia ein steinerner brunnen. Seine träger für die seitlichen blumentöpfe an der bekrönung des rohrs rosten seit etlichen sommern ungeschmückt. Hart neben ihm quillt müllgeruch aus einem grell bemalten behälter. Parkende fahrzeuge verdecken ihn von jahr zu jahr enger und anhaltender. Nur wenige schritte von ihm entfernt windet der immer dichtere verkehr sich durch die seit langem zu schmal gewordene strasse und überrauscht seine stimme. Man muss nahe herantreten, um ihre unentwegt wechselnden laute zu hören, die wie die quellen und bäche umher nur mehr für sich selber singen und das murmeln und raunen der erde mit sich selber auch hier unter all diesem treiben aufrechterhalten.

*

Es wird überdauern – unsere schandtaten und uns selber. Wenige jahre vergingen: schon nötigt ein schlagbaum die masse der motorisierten undurchschaubar verglasten gesichter zur umkehr. Schüchterne betunienranken, von unbemerkten händen gepflegt, spielen um den ergrauten stein im brandgelb der flechten. So freudlos die engste bis an seinen fuss asphaltierte umgebung noch ist, schon gibt es augenblicke, wo seine stimme den platz beherrscht und die tritte der wanderer hörbar werden, die an sein becken treten und sich erfrischen.

Wie meine wanderungen den brunnen, so hat mein enträtseln, erlernen und nachdichten mit jedem vorübergehen ermuntert und aufgefordert, seinen eingemeisselten, nicht einmal von allen einheimischen mehr verstandenen spruch umkreist. Er lautet:

L'ova chantina
in sömmi at nina.

In wörtlicher Übertragung:

Das wasser singt

[aber ‹singt› heisst ‹*chanta*›! ‹*chantina*› ist wie lächeln zu lachen, tänzeln zu tanzen. Also: Es macht einen singsang, es trällert, summt, ‹singelt›]

In traum (es) dich wiegt

[‹*ninar*› meint jedes wiegen, schaukeln. Im besonderen: ein kind (mit einem wiegenlied) in schlaf wiegen. ‹*La nina-nana*› ist das ‹Eiapopeia›, das wiegenlied]

Mit jedem meiner anläufe, den reim wiederzugeben, wuchs meine bewunderung für seine kunst – so einfach wie schön, so leicht wie bedeutend. Denn das wasser, das dich am hellichten tag dem schlaf entgegenschaukelt, deutet auf das rinnen der zeit und den ablauf des lebens. So klingt mit dem schlummer, in den es einwiegt, der tod an. Jeder vers, indem er die dunklen und raunenden laute des anfangs in helle, klingende überführt, wendet aber die hintergründigen anklänge ins heitere – gibt dem lichten das letzte wort. Das macht ihren klanglichen zauber, der das geheimnis der form ist – ihre zutat über den wörtlichen sinn hinaus.

Ungezählte wiedergaben sind mir durch den kopf gegangen – keine kommt dem urbild gleich. Der einen fehlt ein zug, die andere fügt eine wendung hinzu; eine dritte verfälscht seine tonart. Aber sie kreisen es ein und kehren eine immer andere seite des reims und mit ihm des wassers hervor. Insgesamt dürften sie wohl in einer auswahl das hier gemeinte und anwesende erfahren lassen.

Im ausformen stellten sich ober- und unterstimmen ein, auch widersprüche meldeten sich zu wort. Wie denn die wasser bei allem vergnügen an ihrem ‹gesingel› noch an sehr andere tiefen und gewalten erinnern. So verlangte jeder nachguss nach einer fortsetzung, die man in ihm angelegt fand – einem heutigen echo, zu dem er herausforderte.

Ein solches wechselt nun als eine zweite stimme mit dem »cantus firmus« des immergleichen geplätschers, die ihn umspielt und ihm je andere winke entnimmt. Beide zusammen mögen das gespräch mit dem brunnen wiedergeben, das die tage durchzog. Die also im zeichen des wassers standen: jedes wort das zu sagen suchte, wie es anmutete und in den ohren lag, schärfte und lenkte die sinne auf die vielfalt seiner erscheinungen, die mich umgab. Als enthalte der brunnen mit seinen bescheidenen versen das geheimnis des Engadins und es gelte, dieses aus ihm zu erlauschen und zu enträtseln. Das hiess – wie sich bald erweisen sollte – bereit sein, ganz einfach zu werden und seine kunstvollen und hochgetriebenen formen zurückzustellen.

Das wasser singt,
ein schlaflied dir bringt

– ich sehe ein strombett, auf dem
kommen die tage
und nächte geschwommen

Die wasser klingen,
dir ein wiegenlied singen

– einen schlaftrunk aus traum
und gefunkel – drum:

Tönt des wassers klang
einen wiegengesang

– und flösst dir den tag,
strömt dir die nacht,
singt dir die erde ein. – Und du hörst:

Der singsang der flut
lullt dir zu: ‹Schlafe gut –

– ich wache!› Wer wacht da?
als wären es spielende
hände, kühlblonde
strähnen, ein liebes-
geflüster, die dich
umfliessen, verführen.. Denn:

Des wassers gesumme
wiegt dich: ‹Entschlummre!›

Traust du ihm? Es schlängelt dem kriechenden
eistod voran – der ist seine wiege
und heimkehr – weist den lawinen
und muren die bahn, sät die schloossen, die deine
saaten erschlagen. – Was soll's:

Des wassers geraun
wiegt dich in traum

– einen angsttraum: es robbt als ein drache aus unwetter-
wülsten über den grat und verschlingt
das licht, haucht deine rosen mit raureif
und starrt dich im harnisch aus frösten an. –
Und du faselst:

Wasser singe und schäume,
wieg' mich in träume!

Doch es aalt sich im grund, miniert seine gänge
und spannt, wenn der spaltenfrost pfeift
einen schlangenleib der deine pflaster sprengt
deine dämme, tritt über die ufer just dann
wenn du träumst. – Und tut wieder freundlich:

Wasser singt und scherzt,
wiegt uns träumewärts

‹So war es – ihr hört's nicht – ich weine..
Wie ich dein, so du mein:
mein dämon, mein guter geist –
was tust du mir an?› Und dennoch:

Des wassers gelall
wiegt in träume uns all

– in träume? Es weckruft,
es mahnt: ‹Dein Arkadien
leidet gewalt!
Und du hilfst nicht? Du hörst nicht:

Des wassers getön
wiegt dich ein: ‹Träume schön –

– und lern es von mir
zu verströmen!› derweil:

Wassers tändelein
wiegen in träume ein

– sie machen's dir leicht, dir selbst
zu entgleiten .. Was tut's
weisst du nicht – wohin:

Trällert wasser so munter
den traum uns hinunter

– wasser, das uns versöhnt
mit dem weiterziehn,
mit der reise ins dunkel – wo nämlich:

Ein quellgesang gaukelt,
in träume dich schaukelt

– denn was wärest du selbst
als wasser, das himmel
und erde verschwendet'? woher denn:

Des wassers launen
in träume dich raunen

– was raunt es, brütet
es aus? den goldenen dreizack
aus dem grauen gebrodel,
den kristallenen lichtfluss
aus dem braunen morast – indessen:

Das wasser singt
in träume dich schwingt

– es schaukelt dein boot
um die buchten im arvenduft
durch die bräunende lärchenstreu
und wiegt dich im takt der
lianen am grund.. Auch dort:

Singt wassers segen
dem traum uns entgegen

– mit den beeren und uferfelsen
der Chasté gesonnt, unterm herdengeläut
von Isolas weiden – solange:

Das wasser singelt
in träume dich ringelt

– von der rast im kastanienwald
am südhang von Castasegna,
schwerhängenden trauben
in den gärten um Soglio – da singt es:

Wasser singt zu,
wiegt dich zur ruh

– und meldet den morgen
und ruft dir ‹Von vorn!›
und ‹Vorüber ist nicht verloren! ›
ob du hörst oder nicht:

Wasser singt vor sich hin,
wiegt in traum deinen sinn

– einen wahrtraum aus almrausch, pansstunden,
kristall.. Was fehlt ihm? er fahlt so – es fiebert und schwült
in der luft: ein graues gespinst
ohne fäden verschnürt den atem. Was blüht uns – was tun?

II. Wasserstufen

In brunnen eingelauscht, eingesehen und eingestimmt fielen sie einem allerorten in die augen: ihre aufwendigen plätzebeherrschenden anlagen, die die mitte der ortschaften waren. Man erfuhr von den brunnenschaften und -ordnungen, einer blühenden Engadiner brunnenkultur, die sie bezeugten; nicht mehr die mitte des lebens – aber als schmuck, vielleicht auch sinnbild gepflegt und geachtet. – Es schien, dass man seine vorliebe dem allerbescheidensten zugewandt hatte. Bis auf seine inschrift: sollte es wahr sein, dass nur er eine solche trug? Man ging auf die suche und all die prachtstücke, die man traf, waren sprachlos. Nachdem man den einen so gesprächig erfahren hatte, vermisste man etwas bei allem zierat und blumenschmuck, das den gesichtern der wasserspeier und masken der brunnenmünder an anderen orten entsprochen hätte, um ihre tonart, ihren immer anderen charakter je nach der gestalt und umgebung hervorzukehren oder überhaupt ihnen ein gepräge zu geben. Der zustand trat ein, wo man sagen konnte:

»Ich sehe den brunnen die sprüche an«

Angeregt von der fülle der um mich her sprudelnden röhren, traten sie reichlich hervor – nun durch kein zu übersetzendes vorbild behindert. Aber alle blieben sie mit ihm verwandt, das sich in ihnen zu verzweigen und auszuteilen schien – wie die melodie eines volksliedes als thema immer freierer variationen aufblühen kann. Stoffe aus der inzwischen vertrauteren umgebung warteten auf ein unterkommen und flossen hier oder später ein.

Ich singe und flösse den tag,
ich wiege in träumen die nacht –

Wasser von bleischwarz bis silbern
tage von schwermut bis gold
lieder von seufzern zu jubel
nächte von tod zu geburt
träume von flügen und stürzen
träume voll martern und lust – –

Mein lied spendet trank und gefunkel
am tage, träume im dunkel –

Ich sehe ein flimmerndes
perlchen vom sprudel auf dieser
verweilenden fläche ein weilchen
gehoben gewiegt und – wo ist es?
Ich sehe ein sachtes
verwellen zum rand
und zur mitte zurück,
aus welcher ein perlchen
vom sprudel gehoben gewiegt
über perlchen sich abschnellt – –

In mir sind die tage der menschen und bäume -
in mir ist die nacht: ich sing' eure träume.
In mir ist die erde als steinernes mal -
aus mir fliesst die sonne als tränkender strahl.

Mein sohn, meinesgleichen, wo bist du — wann
kommst du?
In dir schlägt die erde die augen auf -
aus dir strömt die sonne in wellen von liebe,
erträumen die nächte ein ostergeläut - -

Klug seid ihr und vielerlei künste könnt ihr.
Ich kann nur dies eine - so lernt es von mir!
Ich verströme: doch was mir entströmt, wird zu glück -
schafft raum in der seele, so fliesst es zurück.

Das geschwungne profil, verschnörkelte
rohr, meine blumengeschmückte
säule: was wären sie, wenn sie
nicht strömten - was wäre ich
ohne den quell?

Ich singe nicht mehr, ich weine..
Jedes tier neben euch ist reine!
Vergiftet habt ihr die quellen, den grund –
Nun trinkt euch die seuche aus meinem mund!

Das steinerne antlitz
der erde weint – kein tropfen des leids
der verloren geht. Das bittere meer
seiner tränen schwillt – wehe dir,
wenn es über die ufer tritt – –

Seid wie ich: schwemmt das unzeug fort
Aus dem land, aus dem eignen grund!
Fahrt als kehrer der erde durch jeden ort –
Und ich singe die flur und euch selber gesund.

Ich bin's, Gottes sohn
der dir die füsse wäscht –
tue desgleichen!

Bist wasser, das himmel und erde verschwendet –
sei brunnen, der's einfasst und läutert und spendet!

An blinkenden seilen
der sonne von tauenden
rasen und weihern
hinauf: zu Muottas Muragl,
über Diavolezza, Corvatsch –
einen sprudelnden schopf
in der helle und eisluft
getummelt getränkt!
Auf rieselnden zahllos verzweigten
pfaden und rinnen, in senken
gestaut um säumige rasten
zu den furchen hinab –
in das wellen- und wurzeltreiben, unter
die blumen und bäume geflösst – –

Zu mir kehrt das weltmeer aus kreisender ferne
ich spiegle den tag und den abgrund der sterne
ich treibe ins weite aus sehnsucht der quellen
aus mir singt der friede als schlaflied der wellen
in mir ist die dauer als ruhender stein
in mir ist das leben und strömt in dich ein.

Es geht in den gneis,
das steingrau gerahmte
fahlblinkende tor
ins Andre.. Sich wiegende
blumen der unterwelt
in ringen gelöst vor geschlängelten wellen-
bändern der giebelvoran
versinkenden häuserschemen.. Zuunterst
flutet ein gipfelleuchten
verschwankender fernen – ist es Piz Palü
oder die andre die eisgestirnte
namens Proserpina
im kronrat der weissen
eminenzen, die über den schatten thront?
Hüt' dich hineinzuschaun, willst du
dein gespenst nicht sehn, so vor dem
verschwimmen zerfliessen! Nur eine spanne
hinab und es heisert und hohlt in nicht mehr
verständlichen sprachen ohne
worte und sinn und lässt dir ein geister-
rauschen im ohr
das die stimmen der erde verwischt – –

Fliessende sonne
zur erde – zu brotduft
und kelchgold –
zu lust .. Was ist sie
als fliessende sonne?

Nachttau und nebel-
züge zur erde –
zu brunnengemurmel
in träume .. Was sind sie
als nachttau
und nebelzüge?

*

Aus: Der Tastende Strahl (2008)

Träumerin

»Feilgebotene
schultern und brüste,
mit prahlenden hüften einer
Hetäre, bestenfalls
Hierodule – nach heissen
händen begierig – und
den schenkeln die ›Hier ist gut sein:
Kommet her zu mir alle!‹ sagen ––«

Was weisst du: Die wehrlos Erblühte, deren
jedwede stelle ›Hier bin ich‹ gesteht ›siehe deine
Magd!‹ Aber wessen: Des der das Rad
der Geburten umtreibt? der Grossen Mutter,
die Schutzbefohlene ihrer hand,
ihres heiligtums? Wildnisse bestürmten
und brachen den schutzkreis – schutzflehende glieder
am offenen wegrand, rücklings versinkend
in ihr erleiden, ringen um schonung –
um Den der den mantel
um ihre blössen hüllt ––

Pansstunde – Der Barberinische Faun

»Gib's zu: dein göttlicher Flegel auf seinem tierfell
lümmelt sich ungeniert!« Und doch:
es gähnt keine faulheit aus seinem nichtstun,
grinst keine frechheit aus seinem wohlsein
so sommerselig: sein brustkorb, sein sonne-
glänzender nabel, als sei er ihr Herold,
strahlen es aus: ›*Ihr Geplagten, sonnt euch*
(ihr dürft es) euch räkeln in euer behagen!
Lasst euch keinen Wüstenrufer zu sack und asche
zerknirschen, euch von keinem Sündengeissler
die lust verteufeln!‹ Lachender segen
prangt von seiner scham – von seiner flanke
ausholend vom untersten knöchel über
die waden, die schwellung der schenkel,
als sei es sein aufsprung, hebt sich ein weiter-
federnder umriss zu einem umflug lustkreischender
möven über den buchten, ziehn von delphinen
meerauswärts.. Mit jeder winkelminute
meiner umkreisung, dem wenigsten auf oder ab
meines fluchtpunkts schnellt eine andre sehnig beschwingte
weitergewellte kontur aus dem marmor: nun
der wehende schleier einer Dryade, die flugbahn
von diskusscheiben über arenen, eine
schwenkspur von segeln.. Ein trubel von stimmen füllt
den luftraum, in den er sein ohr schmiegt:
heulrufe von Korybanten, Mänaden
und bocksgesänge über orchestren.
Ich spüre ein beben Pharsalischer Felder unter
den hufen der Satyrn, chören im tanzlauf – ahne
den festzug der Panathenäen, Parthenonfriese.. Aber
was trübt ihr frohlocken, kraust seine stirne:
ist es ein klagerufen der flöte Pans –
ein pythischer warnruf, ja nicht zu erwachen?

Aus: Das Buch vor Ort (2010)

Ballade vom Absturz der Zeit

Traum Velims

›Wir waren ein häuflein Wartender auf unsren abflug,
schon abgefertigt – die lesend, andere nickend.
Vor wänden aus glas lag zur einen die startbahn mit rampen
und hallen; zur andren ein baumgelände, das umfeld der stadt.

Erde- und ohrenerschütternd rollten die flüge an,
brausten sie auf – bedrohlich anfangs,
im maass der gewöhnung: beinahe verlässlich, vertraulich.
So beschlich uns die langeweile, quälende ungeduld.

Wir wurden ein puppenspiel an drähten nach unterhalb
die schwer an unseren lidern und kiefern zerrten.
Ein senklot ins bodenlose schien an unsre glieder gebunden,
das sie und den kautschuk der stunden überdehnte –

auf ein zerreissen zu überspannte. Zerriss! Die Einen
durchfuhr es heftig, Andere horchten verdrossen auf – so
zuckte ein kalter schlag von fremdesten energien,
ein riss wie durch glas oder eis, als sei die bläue gesprungen.

Zugleich brach ein namenloses tosen – es war kein schall –
von wellen anderer art aus, das nur unser innres gehör
wahrnahm: ein anstrom wie riesenhafter turbinen und sturm-
geheul taubstummer sirenen föhnte die schläfen.

Das raummeer – es war nicht die luft – schien von einem
unsichtbaren planeten gehoben und brach
in sich überstürzenden flutwellen auf uns herein,
die gegenstände entwurzelnd, verschwankend.

Wir griffen uns an das herz –
es schlug nicht: ein jagen das anwuchs
zu rasenden vibrationen
fieberte an seiner stelle.

Da schrie wer: »Die uhren!« Alle minutenzeiger
schienen sekunden – nein kürzere, zehntelsekunden
zu weisen; auch die der stunden gingen den augen durch
und wurden zur stundenschleuder, alsbald zum graufilm verwischt.

»Ein komet hat die sanduhr des himmels
gerammt und zertrümmert: nun schiessen die körner –
sandmeere, milchstrassen aus zeit – in einem
bergsturz und dammbruch auf uns herab!«

»Unsinn (lallte ein Andrer) ein satellit
ist in das uhrwerk der welt geflogen und hat
den anker zerschlagen: nun rasen die jahre, jahrhunderte
-tausende in ein paar augenblicken herunter!«

»Ihr Ahnungslosen – Gott selber hat selbstmord begangen: wir waren
sein stolz und sind zum Ungeziefer in seinen haaren
geworden!« – »Selbstmord? er hat uns die weile, unser verweilen
entzogen und presst ihre dauer zum strich seiner uhr zusammen!«

Und wirklich, es gab keinen tag keine nacht mehr:
ein jagender wechsel schwang unwetterschwärzen
und hellungen über die aussicht,
die zu einer zuckenden dämmerung verschmolzen.

»Die bäume!« Sie schossen gespenstisch auf: fleckfiebernde schüttel-
fröste in keimgrün und welkbraun färbten die winde, das land..
Mein eichener wiegenbaum (warst tausend jahr alt!)
ich sah ihn schaudern, stürzen – zu wurmmehl vermorschen.

Wir starrten uns in die gesichter, entsetzt –
und sahen uns vor unsren augen ergrauen, vergreisen
zu beinahe totenköpfen verfallen
und hoben die knittrigen hände vor zahnlose münder.

Die decken blätterten, wände bröckelten, dächer
senkten sich, hingen durch; ein kriechender steinfrass
zersetzte die pfeiler, die fliesen. Unsere stühle zerbrachen –
weiche moder stiegen um unsere füsse.

Anschwellende schwerkraft zog uns zur erde – ein aschenregen
immer dichterer massen von totzeit
verkrustete auf meinen zügen, die eins
mit der lehmigen tenne wurden, mit dieser verkarstend.

In meine augenhöhlen schneiten die sterne,
kometenschweife beschreibend und stürzten zu einem
raumschacht aller gebündelten fallwege in mir zusammen –
zu immer rascherer drehung beschleunigt.

In einem alles verschlingenden seh-
oder hörsturz (denksturz zugleich!) schossen die längen
und breiten zu einem einzigen fluchtpunkt zusammen –
schlug das aussen sich selber durchschlagend nach innen um.

Es war der lautlose lichtlose spurlose
einsturz des endes, der heimkehr alles
gewesnen in Gottes brust,
Gottes wort – sein nichts – –

War es ein letztes aufsprühn versprühn meines lichtsinns? Ich spürte
ein glimmkorn – das schlupfloch alles verschwindens in meiner stirn.

Es wurde zum lichtjuwel – ich erkannte den Culhinoor[3]
der welt und sank in das funkelnde schluchtwerk seiner facetten.

Das weltall – denn alles gewesene,
seiende, werdende waren eines –
spielte zu lichtstrahl und farbenblitzen
geworden in einem kristall:

Ein hin- und herüberwerfen
von lichtsignalen durchsprühte den zwischen-
raum, den ein strahlengerüst
prismatischer knotenpunkte durchnetzte.

Es gab keine stelle an der nicht
ein sprühkamm von marsrot zu ultra-
marin, ein gefächertes spektrum
demantener feuer entspringen konnte.

Ich stürzte von eisklamm zu weissglut
durch endlos verwinkelte spiegel-
schluchten und wusste nicht: waren es höllen,
Jemandes räusche, entwürfe zu paradiesen?

Mein zuckendes pünktchen, verlorenes sonnenstäubchen
tollte und trubelte in dem gefunkel und schrieb seine tanzspur
alles gelebten erlittnen darein, in deren verlauf
sein lieben und zürnen, erträumen und bangen nachschwang.

Es witterte jagte verfolgte und wusste nicht was –
nun von einem giftstrahl smaragdener schlangenaugen
zurückgeworfen und wieder vom blendenden aufwind in
saphirene ränge gerissen. Ich kannte sie wieder:

---

3 nach den grössten bekannten diamanten Cullinan und Cohinoor

was je mich ansah – liebend, Geliebtes – war zu einem
blauenden lichtquell versammelt. Aus diesem
träumte und sog mich das grosse, in allem erhoffte
auge des Engels an. In einem azurenen taumel

für ein erlöschen – war es eine ewigkeit? –
durchsank ich ein weltmeer aus immer dichterem
lichtstoff, das meinen sturz in tiefen der brechung
auffing – ihn sachte in einen auftrieb wandte.

Dies heben, gebären des quellgrunds (als kehre das sammeln, verdichten
sich um) schwoll an: ein singendes fünkchen im funkenschwarm
des vulkanischen ausbruchs der räume und welten
war das meinige – so begann ich von neuem – – ‹

Aus: Nahe Dran.
Im Herzpunkt der Radien (2011)

Weidegang

Und hinter der koppel die mitlief
ein wegstück: das weidende lenzfest
der erde in fleisch und vollblut!
Hochadel des tierreichs
lässt sich zu uns herab,
uns zu sich herauf.
Stärker als wir, vornehmer
und doch uns dienend, gleich milde,
mit gleicher nachsicht –
heben sie uns in den Ritterstand.
In ihrem sattel aus Beiden ersteht
der Fürst der befriedeten welt
und spendet vom sockel herab
den segen – fliegt
ein jauchzen der erde im flugsprung
über die hürden der schwere – –

Ich las den schnitt ihrer augen,
schwung ihrer nasen und nacken,
kruppen und schweife, ihr setzen der füsse mit.
Und griff dem Junghengst, der
mein locken befolgte, mit beduinischer
lust in die mähne.. Spielende lefzen
flüsterten in meine hand: ›*Sitz auf –*
wir sind's doch!‹ Sein scharren im feuchtgras
lud mich zum ritterschlag
seiner jagenden hufe. Er zürnte, klagte
zu meinem abschied: ›Wir sind's noch, auch so –
und werden es wieder sein!‹
Meine wange im weitergehn
war an den ostwind wie an seinen hals
geschmiegt – wie durch seine nüstern gewittert,
flog uns die perlgraue fernsicht entgegen – –

Passübergang

Ein steinchen eigross aus der steilwand
im bogen geschnippt, wandernder Winzling,
würde genügen.. Armes dörfchen
im talgrund, zyklopische wuchten
vom spaltfrost gelockert, neigen sich über.
Der zeiger der risse reisst jemandes stunde auf –
ist es die meine, die eure?

Ein fussbreit des klammwegs von einer sicker-
bahn unterhöhlt – und du: schau hinunter, was da
mit drachenzähnen im maul aus dem moder-
und aasgeruch heraufgähnt!

Dann aber: von gletschern geschundene
schultern der erde strecken sich unter
den füssen und buckeln mich aufwärts in schlangen-
wülsten – schwingen mich in den obersten sattel.

Mein umblick vom stechpunkt des augenzirkels
führt seine schenkel über den kuppen-
saum einer vorherbstgebräunten hochalm
und von ihrer prangend besonnten
hochwand zur drohend verdüsterten ihr gegenüber.

Meine krempe begrüsst und rahmt
den aufriss der bläuegrade vom immer
strengeren steileren sprühlicht
zu duft- hinter duftgeländen

für eine scheitelstunde.. Die ruhende Riesin
hält ihre siesta mit offenem rachen
aus hochgrat an graten. Ehe der schattenrand
die klaffende mulde verengt: hinunter!

Ebbflut in prielen aus warmluft von mittag
federt die kniee ab, lichtwatend.
Der lichtnebelsaum der ebene flimmert und malt
palmwedel aus steigluft. Es geht in den wagen-
rillen der Legionäre talwärts.

Erstes gerank hinter zäunen
säumt unsre strasse der Romfahrt mit weinlaub.
Wir tragen den dank ab, erstatten die einfuhr
mit unseren mühen des anstiegs – wir kommen den ölzweig
uns holen, den südwind um unsere stirnen – –

Winternacht über Florenz

Genarbte mauern, von sonne und altruss
erloschner kamine geschwärzt,
münden in menschenleere
plätze. Versteinernde Richtermasken
der fensterfronten
fordern das treiben der tage
vor ihre schranken. Vorm nachtblau
treten die weissen
zierate des doms
unter das eisige glitzern Orions.
Auffasernde marmorformen
heben sich von ihren sockeln
zum flimmernden rauhreif – –

Durch flecken von mondlicht
auf der verglasten
nische im frostwind
spendet ihr wehes
lächeln die Muttergottes.

Trilogie einer Strasse

Hinsehn, durchschlendern:
Ohne sie kennst du München nicht! Alchimistische
Hinterhöfe, sterndeutende dach-
Etagen bilden ein kraftfeld, durchprickeln die nähe.
Nächte und tage vertauschend legen sie
Zeugnis – denn *Einer muss wachen* – für
Oasen der einkehr und geist im asyl ab..
Leichtgeschürzte Franziska, Muse von Schwabing, hier hast du
Langmütig gelitten, scharfzüngig gelästert, geliebt:
Etwas von dir weint und lächelt in blumen am gehsteig – und du,
Ringelnatz, lebst in den bücherregalen, wandsprüchen der kneipe!
Neutönende Maler entfesselten föhnsturm in streitbarer »*Phalanx*« –
Standhaft widerstanden ein paar der vertreibung. Indessen:
Tante Emma, wo blieb dein laden – ein
Raub der Geier? Sie kreisen und kreisen..
Aber auch weissblaue tage, südländische
Szenerien: da trällert Eine und stellt ihre
Ständer hinaus – eine Andre erlischt. Hier neu-
Eröffnung, dort räumverkauf – es rädert und lärmt dran vorbei – –

DIABOLISCHER ZWISCHENRUF
HOchstapelei, **HE**hlerei –
kei**N ZOLL**breit reisst mich vom stuhl:
ERNüchternd bis auf die knochen!
Eine **STRA**farbeit, wenn ich dadurch muss:
autogestank und rasselnde ka**SSE**n – –

Um so wacher hindurc**H**
Runzle die stirn nicht s**O**
Bausünden und Mietmarktpiraten tun we**H**
Spül' es hinab von café zu caf**E**
ein lächeln der Kellnerin winkt dich herei**N**
Erhol' dich am brunnen vom plat**Z**
der ihr freundliches auge ist: sag' A oder **O**
(eines passt immer) sei Spieler im spie**L**
Auf blüht sie, ernennst du sie zu deinem zie**L**
Was du gesucht hast wo immer und j**E**
wenn nicht heute nicht hie**R**
wo willst du es finde**N**
Da wedelt ein Blondschweif, duftet das ei**S**
spielen die segler die strahlen im lich**T**
Wenn du nur hinsiehst, was wolltest du meh**R**
Verfolge den gehsteig, so hast du's auch d**A**
Schau in den spiegel aus schaufenstergla**S**
Vielschichtig wie dort sind die träume Schwabing**S**
Auf der lauer liegt hier die poesi**E**

»Und alle Dinge gaben ihm ihre Namen«

Denn hier herrscht eine südländisch-klassische selbstgewissheit der dinge und ihrer namen, dass jedes untrennbar und prall ausgefüllt von dem anderen ist – keines ohne das andre sich denken lässt, wie das miteinander von leib und geist. Unterm anschauen und benennen ist nicht zu sagen, ob da etwas stoffliches zu sprache oder das wort zu einem stoff werden will. Ich frage mich: Ist das meer überhaupt eine masse? nicht ein sinn – ein ausruf, gesang in schwingungen die unser auge als wasser wahrnimmt – eine leidenschaft, die seinen namen trägt? Die unter den güssen der mittagssonne zu einer einzigen silberweissen vibration bis zum horizont anschwillt und von dort dich als eine sturzsee aus feuchter bläue überwächst, dass du in einer glocke aus dunst und hellwacher benommenheit als den schallwogen seines zu versen erweiterten namens mitschwingst. Und doch bleibst du selber als der Sprecher all dessen erhalten; denn es kühlt dir mit ernüchternden windstössen oder spritzern von salzschaum die stirn. Fuss- und handschmeichelnde kiesel, muschelschalen und unkenntlich verschliffene gegenstände, die es vor dir ausstreut, schmiegen sich in deinen zugriff wie gefundene wörter in deinen mund. So begehst du die wellenränder einer sprachlosigkeit, aus der die dinge sich zu ihren namen verdichten – und belebst mit den funden die fensterbank deines zimmers, das deine tage nachspricht – –

Überfall

Ein schwarm mitreisender *Teenager* auf meiner rückfahrt interessiert sich für meinen wanderhut mit der breiten krempe. Sie bitten ihn sich aus, posieren reihum mit ihm und photographieren einander. Dann soll ich ihn aufsetzen und mit ein paar von ihnen in beiden armen werde ich auch geknipst. Die Lebhafteste von ihnen setzt mir zu: »Vous avez beaux yeux!« Schade, dass ich bald umsteigen muss.

Aber da sind auch sie in dem anderen zug – sie streifen durch die wagen und entdecken mich mit lautem gequietsche. Nun ist es ein doppelt so grosser schwarm, der mich wie einen Popstar umflattert, umkreischt. Sie fragen mich aus – spitzen die ohren, ob etwas zum quietschen kommt. Ich drücke mich um die antworten herum und – wie schade, wie gut! – muss aussteigen. Im vorbeigehen bleibe ich neben meiner Eifrigsten stehen; sie hat den kopf in den nacken gelehnt. Am liebsten gäbe ich ihr einen kuss auf die stirn, aber ich führe nur zwei finger an die lippen und lege sie ihr ganz behutsam auf. Sie schliesst die augen und ich erschrecke, wie ernst ihr gesicht wird.

Ischia Winterlich

Einstand

Zwei tage und nächte hält nun das unwetter an, das mich mit wolkenbrüchen und gewittern begrüsst. Von den sturmbön klirren die scheiben, wehn die kalenderseiten an der wand gegenüber. Denn selbst bei geschlossenen fenstern und türen lässt der Geist des orts den fliegen und mücken – und eben dem schaurigen nachtwind – gastfreie ritzen. Umso hörbarer auch die haushohen brecher an den vorgelagerten felsen. Alle antiken Naturgeister scheinen sich in diesen »*Rauhnächten*« auszutoben, die ja ihnen ausdrücklich eingeräumt sind. Ich sehe sie ihre amphoren schwingen und mir bei jedem gang vor die tür hohnlachende salven um die ohren klatschen. Am ende nehme ich das als die eröffnung eines gründlich erfrischten neuen jahres in ihrem bund; denn die luft ist berauschend rein wie von frühlingsstürmen bei uns zu lande. Und die regennacht tut, als läge man unter der erde und hörte die keime sich strecken, leise knirschend auf ihren durchbruch ans licht zu. Ein nagen und schürfen lockert die krume. Mein wohlgefühl unter all dem legt die vermutung nahe, dass so etwa die geräusche der aussenwelt im mutterleib zu mir gedrungen sind.

Sorgente Nitrodi

Unter den füssen
geglättete buckelquader aus
erkalteter lava. So in den hohlweg:
rieselnde tuffe, von wurzelknorren
durchwuchert, zu beiden seiten.
Zur feuchtgrün besonnten
schluchtwand hinunter, die angehellte
schwingel im tal-auf streichenden
seewind umspielen.. Da schnellt
der flüssige schlangenleib aus der flanke:
Atem der Nymphe in sieben
farben umweht den silbernen
bogen. Palmwedelfingrige
hände besprengen die mulde. Aus
erloschener asche
züngelt der glutfluss in grünen
flammen – und ist zu agaven-
formen, oliven- und ginster-
gezweigen geronnen. Heilstrahlende wasser-
blitze durchschiessen die klamm – –

Wasserproben

I

Weitere station meiner wasserkur sind die römischen zisternen bei Bacoli, ein labyrinthisches bauwerk zwischen katakombe und untertagedom. Der durchgang durch die hallenden becken und pfeilerbögen von monumentaler massigkeit öffnet halbhelle sich gegeneinander verschiebende durchblicke. Ob so gemeint oder nicht: man kann nicht umhin, in ihm einen tempel zu sehen, der der erscheinung eines göttlichen Wesens in gestalt des wassers geweiht ist. Und als sein *arcanum* ist es in mächtiger anwesenheit spürbar: unser mütterlich heimelndes element und heiligbelebender lebenssaft, aber auch als das verschlingende Ungeheuer – lieblich und tückisch zugleich in seinen aufblitzen aus der hier vollends lauernden schwärze.

II

An Silvester zur *Carta Romana* und ihren vulkanischen quellen im meer: ich lege mich rücklings in eine der flach überspülten mulden zu anderen Badenden. Nur zwei handbreiten weiter zur seite wäre die spürbar sprudelnde hitze schon unerträglich, zur andren die frostige see zum schaudern. Die halbhoch gegenüber stehende sonne füllt eine homerische felsenbucht mit gleissender helligkeit. Schwarz heben die schattenseiten der riffe und immerfort überspülten buckel sich vor der flüssigen weissglut ab. Seltsam wie dieses versinken in dem unaufhörlich anrollenden gewoge und wieder enttauchen die augen festhält. So sehr die blendung sie schmerzt und ermüdet, immer wieder nach kurzem schliessen wollen sie hinsehen und weiterblinzeln – als möchte etwas in mir von jedem wellenschub mit den steinen vor mir hervorgemodelt oder von einer verkrustung freigelegt werden.
Irgendwann windet ein armdicker schlangenleib sich hart neben mir rückwärts ins tiefere. Ein derbes raubfischgebiss streicht dicht an meinem rechten arm, dann dem ober- und unterschenkel entlang. Ich frage meinen Nebenmann, der einem Anderen vor ihm mit dem fuss

die glatze kraut, was das war: »Una murena!« – ›Tun sie was?‹ Und mit rollendem »rrr« und furchterregendem anklang kommt es zurück: »Mórdono!«[4] Bei gelegenheit lese ich nach, dass sie als giftig gelten – zu unrecht zwar, aber vom faulenden fleisch zwischen den spitzen zähnen lebensgefährlich vergiften können. Keine sonne Homers ohne Ungeheuer – –

---

4 »Sie beissen!«

Die Weisung der Flöte. Ein Hörweg

I. Im Inneren einer Musik

Wo war ich? Ihr kennt das alle – es geht einem auf reisen so:
man erwacht und findet sich auf einer ortlosen scholle,
deren längen- und breitengrade zerrissen sind.
Es mochte ein küstenstreifen – bei den warmen quellen
in der bucht von Sorcéto – auf Ischia sein, wo es in mövenschwingen
aus der januarbläue hervorgehen oder ein meeresglitzern
sich aufwölben konnte, um eine schwarzglänzende klippe freizugeben.
Aber ich spürte unter mir keine uferfelsen, es gab keine grenze
zwischen der luft und dem wasser – nur ein einziges
ununterschiedenes element. Nicht einmal mein körper
schien mich begleitet zu haben. Mein bewusstsein
befand sich im inneren eines aquamarins!
Oder auch das nicht? Denn es gab bewegungen um mich her:
etwas wie streifengewölk umfloss mich in einer strömung,
von der meine fasern in winzigsten wellenlängen vibrierten.
Es konnte musik sein – jawohl: ich befand mich im inneren einer musik
in tonlagen, die das gehör nicht wahrnahm. Nach und nach
wurden ihre schwingungen vernehmlich. Aber sie klang
nach keinerlei Instrument – sie bestand aus nichts als tönend gewordenem atem. Und sie war an keine stelle meiner umgebung gebunden –
denn sie war der raum selber. Und dieser tönende raum
brachte gestalten hervor: landschaften enttauchen,
teilen sich und umfliessen mich in einer unablässigen
verwandlung von tönen und lichterscheinungen –

II. Das Licht ist ein Flötenruf

– aber auch dunkelheiten: eine schattenhafte wand
driftet auf meine augen zu, in der sich ein blinder fleck zeigt.
Ich halte ihn für den eingang einer höhle und trete ein.
Saugende schwärze verschlingt meinen schatten und zieht mich

in ihre tiefe. Mit jedem schritt, den ich mich weitertaste,
wächst meine beklemmung, verlorenheit. Ich bohre die atemnot
meiner augen in diese lichtlosigkeit – nach dem winzigen, him-
mel und erde schaffenden fünkchen am ende des stollens, ohne
das man nicht weitergehen, nicht leben kann. Und es
kündet sich an: ein verschwindend leises signal.
Ist es mein ohrenklingen? Mein gehör
weitet sich zu der umnachtung nach allen seiten.
Kein zweifei: da tönt was – mein licht ist ein flötenruf!
Nach diesem taste ich mich voran: über unebenheiten und gerölle,
durch verwirrende gänge – mit geschundenen händen
und zerstossener stirn von den vorsprüngen der wände und decken.
Er verstummt – um an anderer stelle, bald vor bald hinter mir,
auch in der höhe oder tiefe, wieder hörbar zu werden.
So weiss ich nicht, ob er mich foppt und im kreis herumführt
oder ob da ein ausgang ist, den ich irgendwann erreiche – –

III. Das Rad der Geburten

Ich bewege mich in der felge eines hörbar
umlaufenden riesenrads, das mich hinterrücks
übersteigt – von dem ich nicht absehen kann, ob es meine füsse
in gang setzen oder sein umlauf mich zum gehen, zum unentwegten
fortsetzen meiner wanderung nötigt. Sein umfang schnürt sich
zusammen und senkt sich in knorren einer tropfsteinhöhle
auf mich herab. Sie verformt sich zu den eingeweiden
eines mutterschoosses, die mich in langsamen konvulsionen
umgeben. Wohin ich taste, stosse ich an feuchte häutige grenzen. Aber
es ist meine eigene haut: ich liege im kindbett meiner selbst
und ringe in quälenden vorstössen um meine geburt.
Die steckt in meiner erinnerung als ein vulkanischer ausbruch,
der die wogenkämme und leidenschaften, ängste und brandungen
der blutroten lava mischte, von der ich ein spritzer war – –

IV. Im Klangstrom durch meine Adern

Mein Ich ist zu einem blutkörperchen verdichtet und treibt
in roten strudeln durch die kanäle, kammern und katakomben
meines innern, von denen ich keine ahnung hatte,
wie geschäftig sie in mir ihr wesen treiben. In unausgesetzten
durch mich hindurch sich bahnenden und verzweigenden pulsen
untergraben sie hier meine zellen und schwemmen andernorts
fremdstoffe wer weiss welcher herkunft an. Sie formen meine organe
zu phantastischen gebilden und kristallübersäten drusen um.
Meine zustände und lebensphasen schlagen sich in bizarren
stalagmiten und sinterformen nieder, die ich wie ein Kanute
auf angeschliffenen stromschnellen durchgleite. Unabsehliche fluchten
öffnen sich nach jeder biegung. Wo immer ich einfahre, lasse ich andre
nicht minder geheimnisvolle einblicke ausser acht.
Vergebens halte ich ausschau nach schon gesehenen merkmalen,
denn wo der umfluss mich durch vermeintlich bekannte
regionen befördert, hat der ablauf der zeit sie inzwischen verändert.
So kommt meine erkundungsfahrt in mir selbst an kein ende – –

V. Träumende Säule

Zu immer weiteren ausgriffen holt die spirale
meiner umtriebe aus. Abgeschreckt von den kalten massen,
die mich umlagern, finde ich mich mit Anderen,
zu säulen aus schwarzem basalt erstarrt, in der tiefe
ungeheurer gebirge. Da erleiden wir in einer lichtlosen
qual unser dasein. Wir dämmern, horchen: und dieses rauschen
der wetter und jahreszeiten die uns zutage fördern,
das grollen der glutflüsse unter uns, das uns heimholt,
das hämmern und sprengen der steinbrüche, die uns entbinden,
sind die vorspiele zu unsrem heraustritt. Aber düstere schicksale
der schweren materie ziehen durch meinen halbschlaf. Ich höre
das ohnmächtige knirschen der schotter und pflasterklötze
unter den strassenwalzen, den kettenpanzern und sattelschleppern.

Und ich beneide die schwarze nassglänzende klippe
in der bucht von Sorcéto, die von flocken aus mövengeschrei
umschäumt und vom streulicht der wassersonne umsprüht ist –
die wellenbrüste und -schenkel umwühlen, wellenarme
liebkosen. Ich flehe die Erde an: Behalte mich
in deinem kreislauf, gönn' mir die kristalline verwandlung
zum marmor, um irgendwannn atemgeschwollen und eingereiht
in die säulenfront eines tempels – auf Kap Sunion etwa – nichts
als das licht seiner Gottheit von meinen voluten und kannelüren
über das hinterland und die vorgelagerten inseln zu streuen – –

VI. Weltraum hinterm Lid

Sehr sonderbar ist das: wenn mein gepresster zustand
mich nach innen treibt – tiefer in mich hinein –
so wird es da unten nicht enger und dichter: ein scheinbar endloses
dunstiges vakuum tut sich auf. Ihr kennt das alle: dieses
graue gewusel hinter den augenhüllen. Man ist auf seltsamen umwegen
in den weltraum versetzt und weiss nicht, ob man sich im stillstand
befindet oder mit meteoritengeschwindigkeit eine schaurige leere
durchrast. Bisweilen taucht dann ein wachsendes fünkchen
oder milchiger nebel in nicht abzuschätzender ferne auf
und verschwindet nach gespenstisch verzerrten abläufen der zeit
in den falten und einstülpungen des raumes. Auch lichtlose körper,
die nur aus den lähmenden schwerefeldern zu erschliessen sind,
müssen vorübertreiben – ununterscheidbar ob albträume oder
erloschene sterne.. So also von schwere zu schwere
durchsinke ich meine nächte – und entdecke die fähigkeit,
meine raumfahrt zu lenken. Lichthunger in allen zellen erwacht –
mit ihm die erinnerung an frühste morgenstunden der kindheit.
Nach ihrer unendlich erquickenden helligkeit richte ich meinen flug.
Es gibt sie – er wittert sie aus: ein sonnensystem vertrauter planeten
enttaucht, die ein ballspiel rötlicher monde umtrubelt.
Vergebens schaue ich nach dem kosmischen Jongleur,
der sie tanzen lässt. So schliesse ich denn auf eine musik,

die sie in bewegung setzt, und bemühe mich, die undurchschaubar
regellosen bahnen in ihre klänge zu übersetzen.
Sie übersteigen mein fassungsvermögen: von allen seiten
aus allen tiefen treten stimmen hervor, die mein gehör
betäuben und zu einer rasenden totenstille verschmelzen.
Ein fliegendes fünkchen, an das ich mich hefte, wird meine rettung.
Es verfolgt eine spielerisch lässige spur, in der ich
die weidenflöte meiner kindheit wiedererkenne – –

VII. Wohin geht's?

Da geht er am himmel auf, der grosse Jäger – nein Schäfer!
Seine waffe, sein stab ist eine hirtenflöte: er pfeift seine herden heim –
sie strömen zusammen von weither in seiner spur. Er schreitet voran,
gelassen, im weidegang – das rohr an den lippen und bläst seinen
lockruf.
Ein phantom nach dem anderen löst der sog seiner pfiffe
von meiner vorderfront ab: ein schmollendes Kind entfernt sich
von mir, dann ein Schlafwandler, ein Bettler, ein Vagabund;
nach ihnen ein eitler Geck, ein durchtriebener Fuchs;
ihnen folgt ein Schmuggler und Sträfling; alsdann ein Asket,
ein verruchter Geniesser, ein Goldgräber und Grillenfänger;
zuletzt ein Ankläger, ein Empörer. Sie sehen sich aus
verwischten gesichtern nach diesem Schemen um,
der von mir geblieben ist wie nach einer fastenkur:
›Was zögerst du? Schau, alles verlässt dich, sobald du stillstehst:
dein gesicht im spiegel von gestern, deine kindheit –
er flötet sie dir aus dem gedächtnis, den ganzen rattenschwarm
deiner toten tage. So folg' schon, komm seinem Trommler zuvor:
der treibt die Säumigen, die Verweigerer ein –
es gibt kein entkommen! Du brauchst keinen abschied zu nehmen:
deine Vertrauten, die Liebste, sie schwinden im gleichen zug
seines wanderlieds. Freilich, es geht nicht in reih und glied:
das gedränge verschiebt uns. Drum wenn du zu sehr liebst,
so geht es nicht ohne herzweh. Nimm es zum beweis,

dass du dein teil dahinhast – so schmerzlicher nur
je reicher es war. Geh also zu, das flötenrohr
als den silbernen lichtstreif der letzten sonne vor augen!
Denn wenn du dich sträubtest, so wär' es ein totentanz:
ein grinsender Schädel schlüge mit menschenknochen
den takt zu der knochenflöte am lippenlosen gebiss.
Sobald du einlenkst, von selber mit lust –
womöglich im tanzschritt: so wird es ein festzug!‹

VIII. Quellaufwärts

Ich finde mich watend in einer kielspur aufblitzender und
erlöschender funken, die bis zum vermeintlichen
horizont reicht – und bemerke, dass über ihm
die tiefe erst anfängt: von hinter dem meer
reicht eine breitbahn aus flüssigem gold bis zu mir
herüber. Auf dieser treibe ich in einen waagerecht
sich vertiefenden abgrund aus gleissender sonne,
der mit meinem eintritt sich zu einem flimmergemisch
aus lichtpartikeln verdeutlicht. Meine eignen molekeln
entgrenzen sich in dieses glitzern und irisieren.
So bestehe ich also aus einem mückentanz von atomen,
der ununterscheidbar von eben der schwingung ist,
in welcher sie tanzen. Für diesen augenblick
bin ich mithin eine sichtbar gewordne musik
und höre mir selber zu, indem mein gesichtssinn
sich in das beharrliche spriessen und wieder versprühen
der sonnenblitze aus dieser nie ganz zur ruhe
kommenden oberfläche vertieft. Überspringende funken
von ihrer glanzhaut zur netzhaut meiner augbälle
scheinen in mir zur ruhe, wir zu uns selber zu kommen – –

Im Supermarkt

Sperrenbereich östrogenetisch verstrahlt!
Erster umblick über die kassen
und Einnehmerinnen: Ist SIE da?
Sie ist's! In der haltung der Fürstin von Isfahan
lässt sie die Schuldner vor ihrem gericht
anstehn und tribute erlegen.
Man setzt ihr körbe voll raffgut vor;
das nimmt sie stück für stück in die hand
und reicht es abgesegnet zurück –
grosszügig gewährend. Den zins verteilt sie
in fächer der schatzmeisterei – zur weiterverbreitung
des segens. Rein gar nichts behält sie für sich.

Ich raffe das nötigste in meinen karren –
wie wohl die banane, ein pfirsich der hand tut!
Schon bin ich in ihrer schlange..
Es schnieft um mich her in triefende tücher –
was tut's? Mich feit dieser sonnenwarme
teint ihrer haut, je ferner so freier, je näher
umso verstohlener mit den augen liebkost
und eingesogen: diese verwunschenen
rauche des orients um die nachtkühleschattenden
wimpern, die füllig und tiefschwarz gebändigte
glanznacht der locker geballten haare.
Wehe und wohl dem Glücklichsten, dem sie das fliessende
zelt ihrer strähnen über den duftenden
hügeln der heimat öffnet!

Es geht auf sie zu – die zunge wird zur kandare im maul
und lässt nur ein drucksend gedrosseltes kompliment durch.
Wird sie mich ansehn? Holen die schwarzen
fächer nur aus, um den grauen Bart der Kollegin
zum spottball hinüberzuspielen? Aber nein:

sie lächelt, grüsst! Hinweg mein klarer verstand
mit dem klimperschlag aus dem schädel gefegt.. Ich verwechsle
den zehner- und hunderterschein – über kurz
verarmt verschuldet, riefe sie selber mich nicht
zur besinnung: »Zu viel des guten!« Sie richtet –
und das ist der augenblick – ein dunkles
wunder von augenpaar wie von einem schleier-
spalt (den sie gar nicht mehr trägt) gesammelt hervor-
gestaut, geradenwegs auf meine gesenkten..
Mein schädel im fortgehn ist ein radarschirm, der einen
wirbel von liebesräuschen um ihren stuhl wirft – –

Drum baldigst mein briefchen ihr unterm schein
in die hände geschmuggelt: *›Sei eine*
Rose von Isfahan,
küss' ihre augen an meiner statt,
küss' ihre hände rein
von den lumpen und silberlingen!
Leg' Isfahans abendröten vor ihren fuss –
lass mir die sonne von Isfahan
leuchten aus ihren blicken und von ihrer stirn!‹
Und fort – nicht umsehn, Orpheus, du würdest sie wohl
verlieren! Zu spät – da hast du's: sie äugelt der Nachbarin
den verliebten Graukopf – *›Der da, der ist es!‹* – zu.
Die spöttische schlängel (hättst du nicht umgesehn!)
wird zu der schlange in meinem genick
und spritzt ihr gift ein..

Drum mit dem scharfnüchterblick an den nächsten akt!
Da glimmt was und giersaugt mich in ihre riege:
›Denkst Du!‹ Eine schanze von brustkorb gegen
die zaubereien gestemmt – der Schutzgeist
sagt seinen spruch auf:

›Frau Kitze Frau Katze, falsche
äugelein hatse!
Zeig' her deine krallen,
die samtenen pfoten –
lies: mausefallen!‹
Und glaskantenscharf sie geschnitten – zielgerade
zur Bratapfelrauhautgetreuen von hierzulande!
Warmherzig und glaubhaft plaudert es wider,
so heute wie fortan.. Dass du es nicht siehst: die Andre
schaut nach dir aus, sieht nach dir um,
wo du bleibst, und verzählt sich wenn du ihr dein
über-sie-wegsehn von links und rechts um die ohren
wedelst. Und doch: ein blitz in den seitenspalt
erwischt dich: Drogenalarm – schnell fort! – aus dem dunstraum
der augenschatten, schwüldunst des harems – –

Mummenverbrenngesang[5]

Krick krack und schuhuu – was da brennt
das bist du, was da schmaucht
das bin ich! Erkennt ihr mich nicht?
Da verschmort eine fratze, erscheint
eine glatze, verpufft eine seifen-
blase – vielmehr eine rote
nase. Da wimmert mein grössen-
wahn, meine narretei –
süsser dünkel, vorbei vorbei..

Du neckisches Frätzchen aus meiner rippe,
das hüpfende flämmchen da war deine schnippe!
Wirf hinzu deine künstliche mähne,
spuck' aus deine vampirzähne –
du deine migräne und ihr eure grippe!
Hinweg mit den stelzen kothurnen und krücken
samt euren korsetten, toupets und perücken!
Da steigt was in wolkenballen:
Damen mit eingesunkenen blusen
das waren wohl eure busen,
die eben noch runden stolzen und prallen.
Halbgöttin, verklärte durch pasten und puder,
sei wieder das alte vertraute Luder!
Die Larven sündhafter abenteuer
büssen für euch im fegefeuer..

Kippt aus den gläsern die reste vom wein –
spuckt in die hände und wascht sie rein:
wasser tut gut – schüttet den abwusch in die glut!
Ein sinken die flammen – was schrumpft da zusammen?

---

5 Die Gäste umstehen den Scheiterhaufen, auf dem der Faschingspopanz verbrennt: Sie werfen ihre Masken und andere Verkleidungen in das Feuer.

Ein fleckchen schmalz, braune aschen und graues salz.
Gott Vaters schnupftabak könnte es sein –
der schmalzler einer kosmischen nase.
Sie schnupfe uns ein, eine kräftige prise –
inhaliere uns tief und niese
ein närrisches weltchen verjüngt wieder aus!
Wir sind's, hier wie drüben zu haus.. Alsdann
in die grausige nacht hinaus – sie löst ihre locken,
streut schlafsand und schwarze flocken
in unsre augen: kommt sonne und wasser, spült sie uns aus!

Im Zug der Zeit

Die kurve kreischt einen lustschrei –
und rumpelt die schultern, die schenkel an-
einander. Ein spielfilm anstelle der welt
läuft ab. Die szene ist ein abteil:
Ich sehe ein frühreif verlebtes Ding –
Groupie mit dem gepiersten bauch –
die schmuddligen *sneaker* auf den sitz
geflegelt, die ohren verkabelt. Ein lustloser Schlacks
(sie kennen sich alle und keiner keine)
lümmelt sich neben sie: »Was hörst du?« Sie blinzelt
und klaubt den pfropf aus dem einen ohr in das seine.
Da *floaten* sie seite an seite – nach dem gleichen
drumsound (es wummert zu mir herüber)
jagt der *hardcore* zwei stirnen in willenlosen
stössen gegen die gleiche wand. Was sehn sie?
Die *Boysgroup* auf dem podest – erigierte gitarren-
hälse mit wühlenden händen am schalloch:
»Yeah yeah!« die arena kreischt –
sie spreizen die schösse entgegen – –

Looking for adventure –
that's looking for you –

Ich schloss die augen: ›Ihr habt es gut – habt ihr's?
Was hielt uns zurück! Und ihr: wind- und vogelfrei –

for whatever comes our way

– haut Den oder Diese an: ›Machst du mit?‹
Sagt ›Tschüss!‹ und das war es dann..

Don't care what comes afterward!

Wir trugen ein bild, einen märchenruf
in uns, die mussten zusammengehn. Und ihr?

take the world in a love embrace –

Ihr habt eure *Band*, die rüttelt und phont
euch den *sound* ein, der eure seelen klont!

So dont ask my name!

War's nicht das erste geschenk: mein name
für dich – unser ringtausch in namen? Und ihr?

Shut your eyes: we were born to be wild!

Das war's doch: auch unser blind- und taubsein Eins
für das Andre – so fand ich nicht zu dir, kennst du mich nicht!

Neubegang

Am gleithang zu füssen des auwalds
fanden wir mulden im seichten flussbett,
füllig genug für ein bad.

Ein quirlen um aufgerichtete rippen
teilte, vereinte sich wieder – sprühte
je sperriger die, umso herrlicher auf.

Und schäumte zu uns herab:
wir wurden Ein fliessen Ein ruhen,
Ein spielen verdriften, uns wiederfinden.

Wir schlossen die augen und unser kiesboot
auf murmelgewässern durchglitt
tiefhängende zweige der uferwiesen –

durchschoss schwarzglänzende klammen.
Wir kenterten, über- und umeinander gerollt,
und schlugen die augen im flüssigen licht auf.

Wir liessen die sonne an lehnen der sandbank
uns trocknen, erwärmen zum weitergehn – nun plaudernd
nun beeren sammelnd, nun wieder hand in hand – –

Auf ›Ein Grab in den Lüften‹*

Sternkind
von hinter den sieben
bergen im eismeer
tritt aus dem kristall:
Berühr' meinen herzschlag mit
dem weissen korallenzweig –
entbinde den schlangenquell, über dem
ein lächeln der Schönen im glassarg erwacht!
Berühre mein auge mit
der nadel des erstgeborenen
strahls, der vom rauhreif der wendenacht
überm schlaf einer weissen rose blinkt –
so werde ich was du mir zuschweigst erwidern – –

* Vgl. Paul Celan: *Todesfuge*

Aber die Nachtseite

Eismond – stillstand der atem-
züge in kristalliner
erstarrung. Verpochender
herzschlag – der stumpfe
einfall der eispickelhiebe
in die gefrorene
schwärze. Der raureif
treibt seine fasern in
die weisse abwesenheit.
Im ostwind sirren die drähte – –

Rückblick

Wir schlugen die rose im wasser auf,
von den sommern gewiegt, von den stürmen gezerrt -
und haben mit sonnesüchtigen lidern
die wurzeln im seegrund genährt, die keiner sieht - -

[Diesen Vierzeiler mit dem Bezug auf Rilkes Grabspruch in Muzot hat W. D. ganz offensichtlich für sich selbst gedichtet. Er wurde daher auch in die Todesanzeige aufgenommen.]

Aus: Gesang der Konturen (2013)

Prolog. *Absurd oder nicht – das ist die Frage*

Es geht um das Ganze – die alte Frage: Ist das Weltgeschehen samt unserem Leben ein irgendwie sinnvoller Zusammenhang oder ein Durcheinander von blinden Zufälligkeiten und Mechanismen? Anzeichen gibt es für beides: Demnach steht es im naheliegendsten Urteil schlecht um den Sinn. Denn der furchtbaren Beweiskraft der Katastrophen, die alles glücklich zustande Gekommene wieder zunichte machen, jeden guten Willen durchkreuzen und Wunderwerke von feinster Organisation in den untersten Schutt oder Urschlamm zurückbefördern, wäre nur ein sehr frommer Glaube an *»das sanfte Gesetz«* gewachsen – wenn es nicht die Lichtblicke gäbe, diese Momente der unbestreitbaren Übereinstimmung von Ich und Welt, die ein Gegenüber von irgendwie unseresgleichen, ein Entgegenkommen in vielerlei Gestalt erfahren lassen, das sich zu dem Gespür einer uns verwandten Beseelung des Ganzen, wenn nicht gar einer Person verdichten kann, zu der wir geneigt sind, Du zu sagen.

Die Zeichen mehren sich, dass unser Eigenstes im Weltall angelegt ist: Meteoriten von außerhalb unseres Sonnensystems sind aus den gleichen Stoffen wie wir. Bausteine des Lebens treiben im Raum, die auf erdverwandten Planeten zu ähnlichen Entwicklungen wie der unseren führen können. Nichts hindert uns somit, in unserer mühsam hervorgebrachten *Humanitas,* dem Aufblühn der Erde zu Domen und Symphonien, delphischen Spielen und Friedensfeiern die Bestimmung des ganzen kosmischen Geschehens zu sehen. Alles Ungeschlachte, das uns umgibt, würde als Rohstoff und Vorform verstehbar und aufgewertet. Das Ganze als kreisendes Elementargeschehen stellt sich zum einen als unausgesetztes Hegen und Gedeihen dar, zum anderen als notwendige Zurücknahme in den Ausgangsstoff um der nächsten Gestaltungen willen.

Angesichts der beiden Aspekte ein und derselben Verwandlung scheiden sich unsere Geister, am auffälligsten die der Künstler und Poeten: *»Der sieht das Feuer – der das Holz!«* Er sieht auf das Unding, das leidensfähige Wesen hervorbringt, um sie zugrunde zu richten. Die Dämonenmasken der Menschheitsgeschichte, ihr Fletschen und

Grinsen zusammengenommen, stehn für die Ungeheuerlichkeit, die hier angeklagt wird. So gilt wohl die Hälfte der Weltkunst und -literatur der Leidensgeschichte der geschundenen Kreatur, weil das Leben nicht denkbar ist ohne verdrängt zu werden durch nichts als das Leben selber. Wonach allerdings die Anteile von Leidensweg und Flaniermeile oder Festzug im einzelnen Lebenslauf sich verteilen – ob hier Konsequenzen von wer weiß am Werk sind oder es doch eine Domäne des blinden Zufalls, des Absurden gibt – bleibt ein Rätsel.

So gilt eine Kunst, die nur in Wohlklängen und Rosafarben schwelgt, hinsichtlich des Lebens als unwahr, Schönfärberei. Wie sie umgekehrt, wo sie in düsteren Farben wühlt, vom anderen Ende her unwahr wird. Der wahrheitsgemäßen liegt die ungeschmälerte Spanne zugrunde. Die Bordmusik unseres Raumschiffes namens *»Titanic«* dürfte also sehr wohl die Herrlichkeiten der Erde feiern, die wir umschweben, wenn sie auch ihrer Nachtseite gerecht würde. Sie dürfte den Lichtgruß der Sterne erwidern, wenn sie die Augen nicht vor den ungeheuren Vorgängen verschlösse, die unsere Fernrohre uns verraten. Es hieße, unsere Welt um die Abgründe des Weltraums zu vertiefen – will sagen: uns mit unserem sicheren Untergang in dem Ganzen zu versöhnen.

Als Rede von der Welt zu uns stellen Literatur und Kunst lauter Brückenschläge zwischen ihr und uns her. Das Hervorgehn des Menschlichen aus ihr, sein sich Behaupten und wieder Versinken, um womöglich in seinem Erliegen desto unbedingter hervorzutreten, sind das Thema der Künste schlechthin. Im Nachvollzug der Werke findet die Reflexion des Ichs auf das Ganze statt. Damit ist die entscheidende Blickwendung geleistet, die uns befähigt, uns selber im Zusammenhang des Ganzen zu sehen, aber auch im Gegenüber zu ihm, wenn nicht im Gegensatz.

So erweist die griechische Tragödie im Untergang ihres Protagonisten die Oberhand der Götter und stellt uns frei, in eben dem, das uns vernichtet, die Mächte anzuerkennen, die uns hervorbringen und erhalten. Und sie sind nicht das Ungeheuer mehr: Ein Lebensstrom, der in unserer Menschlichkeit eine äußerste Spitze getrieben hat, nimmt seinen weiteren Lauf durch sie hindurch. Aber nicht nur in der Auflösung ist dieses Einssein zu erfahren – so heißt es bei Goethe:

»Wer die Schönheit erblickt, ist mit sich und der Welt in Übereinstimmung.«

Das umschreibt mit der vertieften Seinserfahrung zugleich die höchstmögliche Bewirkung der Kunst. Aber auch die anspruchsvollsten Anforderungen an sie, an ihre Gestaltung! Schönheit in der Kunst wäre mithin nicht das Hübsche, Nette, Gefällige, sondern das, was die Übereinstimmung des Aufnehmenden *»mit sich und der Welt«* vermittelt – das Wiedererkennen von etwas Erwünschtem, seiner selbst und der Welt in dem Geschauten.

Ob nun dieses Erwünschte in einem Kunstwerk – aber auch in der Wirklichkeit! – in voller Erscheinung, in Verhinderung oder in seinem Scheitern dargestellt wird, so oder so ist es doch vergegenwärtigt – ist in ihm das aus unserer Sicht höchst Erreichbare des Universums als seine innerste Tendenz erwiesen. Angesichts der für uns nicht mehr fassbaren Zahl von Galaxien – vollends möglicher Erden! – liegt es nahe, ein Kontinuum solcher über das Weltall verteilter Momente anzunehmen, das heißt: die von uns gedanklich postulierte Zeitlosigkeit unserer Werte als real bestehend anzusehen. Was hindert uns also, den erfüllten Augenblicken unserer gegenwärtig erfahrbaren Bestimmung den Rang einer anwesenden Ewigkeit zuzuerkennen?

Nun ist es im Kunstwerk nicht damit getan, diese *Humanitas* zu meinen, sie ist in ihrer so vielfach antagonistischen Beschaffenheit und dem Spannungsfeld ihrer Lebenslagen durch seine Gestaltung zu realisieren. Denn es ist die Form – der Feinbau des Ganzen – die dem Dargestellten seine Bewandtnis gibt, in deren Nachvollzug sich das *»Unsrige«* samt seinem Verhältnis zur umgebenden Welt erfahren, betätigen und austragen ließe. Es ist die stellvertretende Fühlungnahme mit ihr: Der Betrachter erfährt seine Konkordanz oder auch Dissonanz zu ihr, womöglich die ganze Spanne seiner Daseinsgegebenheiten. So ist im Kunstwerk die Menschwerdung angelegt.

»Schreiben heißt, jedes Wort zum Blenden bringen«

So müsste der Titel eines schmalen Bandes lauten, der als Meisterstück einer geschäftstüchtigen Mogelpackung vom Verlag ein wenig geschönt hinausging: *»Schreiben heißt, jedes Wort zum Klingen bringen«*. Damit wurde eine schöngeistige Geschmacksveredlung in Aussicht gestellt – in Wirklichkeit ein Pfeffersack zum Teegebäck versüßt; denn kaum dass der Leser ihn voll sublimer Erwartungen öffnet, fährt es wie ein *»Knüppel aus dem Sack«* heraus und reißt ihm bis auf das letzte Hemd seine hohe Meinung vom Treiben der Autoren vom Leib. Denn es geht um die große Ernüchterung. Die französische Ausgabe – »La désincarnation«[6] – kündigt sie ehrlich an: Der inkarnierte Geist – sei es in einem Literaturwerk oder einem *»Sohn Gottes«* – wird ausgetrieben, erweist sich als Windbeutelei. Mit lässiger Spottlust und entwaffnendem Scharfsinn deckt der Verfasser die Kunstgriffe, Schliche und Blendwerke der Autoren und anderen Verkünder auf, mit denen sie zu ihren Vortäuschungen kommen, die nichts Reelles erfassen und vermitteln. Jeder Satz des sehr konzentrierten Bands ist ein Geistesblitz, der irgendetwas entlarvt, vorwiegend an französischen Romanciers, mit Ausfällen nach allen Seiten; was übrig bleibt, sind besessene Sonderlinge, die einem Phantom nachjagen und von ihm in Regionen verführt werden, die es gar nicht gibt – die ihre Erfindung sind. Die vernichtenden Angriffe werden mit so schlankem Florett geführt und zugleich mit Pariser Charme und einem Feuerwerk an *»esprit«* vorgetragen, dass auch der deutsche Leser ein beträchtliches Lesevergnügen davonträgt.

---

6 Von Jean Rouaud, geboren 1952. Er arbeitete in einem Pariser Zeitungskiosk, bis er mit seinem Roman »Die Felder der Ehre« über Nacht berühmt wurde. Inzwischen sind mehrere Romane und zahlreiche Werke zu Kunst und Literatur erschienen; manche von ihnen wurden in mehrere Sprachen übersetzt. Die französische Tageszeitung »Le Monde« kürte ihn zu einem der »einundzwanzig Denker, die zum Verständnis des 21. Jahrhunderts« beitragen. Er erhielt den Prix Goncourt (1990) für »Die Felder der Ehre« (»Les Champs d'honneur«), den Andre-Gide-Preis (2004) für »La Désincarnation«. Die deutsche Ausgabe erschien im Schirmer Graf Verlag, München 2004.

Erst im letzten Aufsatz – *»Fünf Minuten vor Mitternacht«* – folgt auf lauter »Dekonstruktionen«, wie die postmoderne Kunsttheorie das Vorgehen des Verfassers wohl nennen würde, die *»Stunde der Vision«*, wo *»Es«*, das Wunderbare erscheint: *»Aber was ist das, diese Empfängnis«*, wo das Schreiben zur *»Marienkunst«* wird und zu einer Wahrheit kommt wie die Jungfrau zum Kind? Das Platonische Eingeständnis spricht hier mit, dass die Dichter zwar nur Schattenbilder von den Schattenrissen der wahren *»Ideen«* zu bieten haben, aber dennoch durch eine *»theia moira«* – etwas wie *»göttliche Teilhabe«* – Wirklichkeiten einfangen und wiedergeben. Der Leser, dem ein Exorzismus nach dem anderen um die Ohren geschlagen wurde, sieht sich mit der letzten Ohrfeige an einen mystischen Ausblick befördert.

Es empfiehlt sich, mit der vom Verfasser vorgeführten Methode und Skepsis auch an sein eigenes Buch heranzugehen und zunächst in seiner vagierenden Schreibart etwas von der *»écriture automatique«* der Surrealisten wiederzuerkennen, von der er sich selbst überraschen lässt, wohin sie ihn führt. Auch *»l'art pour l'art«* winkt herüber: mit dem Unterschied, dass sie ursprünglich nur durch die Sprache der Form wirken wollte anstelle so oder so eingekleideter Aussagen. Hier legt sie nahe, im Sinne der Postmoderne keinerlei existenzielle Gewichtigkeit in ihr zu suchen, vielmehr sie mit der vorgeführten verspielten Lässigkeit als ein – bestenfalls prickelndes – Schaumbad, ein zeitgemäßes Erlebnisbad zu nehmen.

Wohllaut

Das gesamte Sprachvolk deutscher Zunge war eingeladen, das schönste deutsche Wort zu küren. Ein Formular, in das man seinen Günstling eintragen konnte, bot dem Teilnehmer am Wettbewerb ein geräumiges Blankofeld an, das ihm vorsprach: »Dieses Wort ist für mich das schönste deutsche Wort, weil ...« Bei Abweichungen von dem Vordruck drohte es mit dem unanfechtbaren Ausschluss vom Ausleseverfahren.

Kein Zweifel, es machte Spaß, ein paar Zungenschmeichler auf ihre Vorzüge des einen vor dem anderen abzuschmecken und sie mit feinschmeckerischen Begründungen zum Mister oder zur Miss Germany des Jahres zu erklären. In ziemlich langer Reihe standen sie vor meinem Laufsteg an und stießen einander mit Lust von der Siegerstaffel, auf die ich sie probeweise postierte. Am Ende hielten sie mich zum Narren, indem sie bald diese, bald jene Reize entblößten und mir vor der Nase wiegten. Ich rächte mich, indem ich doch eine der Schönheiten zur Primadonna erwählte und anpries, um all die aufdringlichen anderen zu beschämen.

Aber sollte ich sie zum schönsten deutschen Wort erklären? Es hieße, den vorgeblichen Sprachpflegern, die den Wettbewerb ausschrieben, ihre Urteilsvergröberung und Ermunterung zur rigorosen Einseitigkeit nachzusehen. Um meine Erwählte nicht gleich wieder zu verstoßen, unterschrieb ich mein Ausschlussverfahren folgendermaßen:

»Ein schönstes deutsches Wort lautet

W o h l l a u t

Dieses Wort ist für mich ein schönstes deutsches Wort, weil

es den Wohllaut verkörpert, den es aussagt – ihn hörbar macht; es beglaubigt durch seinen Klangleib, was es behauptet. Wer es behutsam ausspricht, den durchströmt die Musik der deutschen Sprache.

Mehr noch: Er erfährt Laut für Laut das Urerlebnis des Sprechens. Denn im ›**w**‹ ist die Betroffenheit, die sich auf die Lippe beißt, weil das Sprechen die Stille verletzt. Das gedehnte ›**oh**‹ spricht sein Bedauern, aber auch sein Erstaunen aus, das sich selber zuhört. Es wird mit dem doppelten ›**ll**‹ in ein Lallen vor Sprachlust übergeführt, das mit dem strahlenden ›**a**‹ in ein Beinahe-Lachen ausbricht; aber das folgende ›**u**‹ tönt es geheimnisvoll. Es würde ein mystisches Raunen, wenn nicht das schließende ›**t**‹ mit dem Schnalzen des Genießers ihm den knackigen Biss verliehe.«

Warum In Versen?

Die Versform wird vielfach als Behinderung und Erschwerung des Lesens erfahren; das ist nicht verwunderlich, weil sie weit mehr als die prosaische Sprache vermittelt. Schon ihre musikalischen Elemente – vor allem ihr Verstakt, ihr Rhythmus – verlangen, dass man sie mitvollzieht, ihre Gangart im inneren Zuhören und Mitgehen sich zu eigen macht. Sie hält also zunächst zum langsameren Lesen an; und schon das geht empfindlich gegen die Lesegewohnheit des Romanlesers, solange er nicht entdeckt hat, welchen Zuwachs diese Musik ihm einträgt, die alles Gesagte mitteilsamer und eindringlicher macht. Aber es gibt weitere Mitteilungen, die allerdings nicht von jedermann wahrgenommen und also womöglich bestritten werden. Daher erlaube ich mir, sie an eigenen Beispielen aufzuzeigen, zu denen ich meine, aussageberechtigt zu sein. Irgendwo heißt es:

Sing vom machandelbaum das lied: Kommt vögel,
plündert mich, dank habt – ihr tragt meine saat aus!

Wenn man nur ein paar winzige Veränderungen der Verse vornimmt und sie durchgehend liest, werden sie zur Prosa:

Sing das Lied vom Machandelbaum: Kommt Vögel und plündert mich,
habt Dank – ihr tragt meine Saat aus!

Der auffälligste Unterschied der beiden Fassungen ist: Die zweite spricht über das Lied, die erste macht es hörbar, macht es sinnlich erfahrbar. Die Schlussfolgerung lautet: **Die Versform ist eine Vertonung mit spracheigenen Mitteln.** Sie setzt rhythmische Akzente und nutzt die Satzmelodie, um den semantischen Bedeutungen der Wörter musikalische Eigenschaften hinzuzufügen.

Dass in Gedichten die Sprecherrolle, also die Erzählsituation verändert, wenn nicht aufgehoben sein kann, geht aus dem folgenden Beispiel hervor:

Sturzgeburt
...
Rumpelpumm,
dreh' dich um:
du bist dran,
stirn-voran
aus der furt
auf die wurt –
rolle vorwärts
in die
geburt!

Mit dem urknall
in den ohren:
es spiralt,
strudelt, zischt –
hier erstrahlt,
dort verlischt – –

Dahinein:
mitgeknufft
mitgemischt
mitverpufft –
mitgeboren
ist mitverloren ...

Der Stoff dieser Verse ließe sich auch in Prosa wiedergeben. Aber die konzentrierte Wiedergabe würde alsdann episch zerlegt: Ein Erzähler würde als externe Stimme zwischen dem Gegenstand und den Hörern vermitteln. In den Versen präsentiert er sich gewissermaßen selbst; er wird als Sprachgeschehen vor den Augen und Ohren in den Raum gestellt. Demnach lässt sich sagen: **Verse sind unmittelbare Vergegenwärtigung eines Geschehens.** Sie übertragen ihre Aussage geradenwegs und erwirken der Sprache so eine vermehrte Eindringlichkeit.

Im dritten Beispiel rebelliert ein junger Mensch mit diesen Worten gegen seinen unfreien Zustand:

…
Ich soll graben und bin doch kein maulwurf –
apportieren und bin doch kein hund!
Und – und?

Wenn du eine geige machst,
so musst du auch spielen –
wenn du einen pfeil machst,
so musst du auch zielen!

Und bin ich ein lumpen,
so binde mich an einen mast
und nicht an diesen pfahl –
so spanne mich vor deine winde!

Diese Strophen übertragen die Erregung und Ungeduld des Sprechenden – das heißt: **Verse vermitteln zusätzlich zum wörtlichen Sinn emotionale Informationen.** Die Umsetzung in Prosa müsste sie in verbal-semantische Aussagen übersetzen, also beschreiben. Sobald sie all das durch die Intonation und Erregung der Sprache wiedergeben wollte, hätte sie Anleihen bei der Lyrik gemacht, die mithin zu ungleich größerer Knappheit befähigt ist.

So lässt sich als Summe ziehen, dass die Versform die Informatik der prosaischen Sprache um wesentliche Mitteilungen erweitert. Sie ergänzt sie um eine Welt von Tönen – das heißt: um die Ausdrucksmöglichkeiten einer vorsprachlichen stimmlich-phonetischen Gestik. Sie stellt keineswegs ein archaisches Rudiment dar, das in unserer Zeit und Entwicklungsstufe nichts mehr zu suchen hätte. Denn ohne diese Trägerströmung kann gar kein menschliches Sprechen stattfinden, das zugleich mit dem Wortsinn ihn verstärkende, auch verdeutlichende und erweiternde averbale Botschaften als elementar-menschliche Äußerungen überträgt, die nicht selten von gleichem Belang wie die wörtlich artikulierten sind. Die Spanne äußerst differenzierter lautlicher Signale, die ihrer Melodik und Rhythmik zu Gebote stehen, erweist sich als unerschöpflich.

Griechischer Dreiklang

I. Ägina – Der Tempel und was da geschieht

Mein Weg bog in den umzäunten Bezirk ein. Sehr plötzlich stand ich im Anblick seiner besonnten Seite. Und vor mir befand sich kein Werk – da geschah was. Meine Augen wurden in eine Strömung des Sonnenlichts durch die Zwischenräume der Säulen nach innen gezogen; zugleich strömte ihnen dasselbe irgendwie verwandelt von ebendort wieder entgegen. Im Nähertreten ging mir auf, was da vorging: Auf der Wandung der Kannelüren, von denen je eine der Sonne voll zugewandt war, nahmen auf den benachbarten – je weiter sie von dieser entfernt waren – die angehellten Anteile ab und im selben Maß die beschatteten zu. Also fand da im Sinne des Sonnenstands ein fortgesetztes Übergehen von Schatten in Licht und andererseits von Licht in Schatten statt; als ob sich die Säulen drehten und wie senkrechte Turbinen linker Hand die äußere Helle einwärts beförderten, um sie rechter Hand mit dem Kraftfeld der Zella – des *ádyton* – getränkt als angereichertes Fluidum wieder auszuteilen.

So ging mir der Tempel als ein Strahlkörper auf, der den Segen seiner Gottheit nach Art unserer Rasensprenger über das Umland verbreitet. Wie die Kampfszenen des Giebelfelds den Sieg einer Lichtwelt über Dämonen feiern, so durchdringt seine Ausstrahlung das Wilde mit olympischem Geist. Nicht nur mit dem angereicherten Lichtsegen, ebensowohl strahlt er den Wohlklang seiner Maße und Gliederungen – mythisch gesprochen: den formgewordenen Klang der Leier Apollons aus, der nach allem Anschein auf dem Umweg durch menschliche Hände die Steine zu klingenden Formen angeordnet hat.

Nirgendwo wird einem deutlicher als an einer solchen Stelle, wie anders das ist, was gotische Farbfenster mit dem Licht anstellen: Von außen siehst du eine bleierne Verglasung, die an die Beschläge einer Schatztruhe erinnert, um den Innenraum zu einem strahlenden Jenseits aller irdischen Alltage und Mühsale zu machen. Von dort gesehen, malen sie über der Außenwelt ein Himmelreich voll heiliger

Legenden und Hierarchien aus. Die verarmte, weil entgötterte Erde wird mit einem himmlischen Paradies entschädigt.

Nicht auszuschöpfen, was auf Aigina noch hinzukommt, wenn das Leuchten des Meeres sich einmischt, das auf Schritt und Tritt meiner Umkreisung in immer anderen Ausschnitten heraufscheint. Ich erklärte es zum Lächeln der Aphrodite, die den heiligen Bezirk mit ihrer »*cháris*« überhaucht; dann wieder war es der Unmut Poseidons, der die heiteren Kolonnaden zu Ausstrahlern seines Zorns macht. Aber auch so rufen sie nur wie immer zur Ordnung – wenn auch mit drohendem Unterton.

II. Delphi – oder das apollinische Sehen

Es fällt nicht schwer, sich die Landschaft im ursprünglichen Zustand vorzustellen: tückische Wildnis mit unbetretbaren Schluchten und drohenden Steilwänden, die feuerrot aufleuchten können. Hier musste man der Erdgöttin Opfer bringen und ihren Wächter Python, ein Ungeheuer, das in einer Erdspalte hauste, beschwichtigen. Mehr als andernorts sah man sich hier allgegenwärtigen Gefährdungen ausgesetzt.

Mit dem Auftreten Apollons und seines Kultes war diese furchtbare Sicht auf das Leben verwandelt. Als der Gott des Orakels und seiner pythischen Seherin rührt er gewissermaßen die Augen an, um all das anders zu sehen und zu deuten. In der Sprache des Mythos lautet das: Er tötete den Drachen mit goldenen Pfeilen und ließ aus der Schlucht die kastalische Quelle entspringen. Ihr sagt man nach, dass sie hörend und sehend für das Walten der Musen macht, deren Chorführer und Wegbereiter Apollon ist. Sein Pfeilschuss ist also »*das Zauberwort*«, das nur zu treffen braucht, *und die Welt fängt an zu klingen.* So ist er ein Heilsbringer der Augen.

Des Weiteren setzte der Gott den Lorbeer zu seinem heiligen Baum ein. Wer ihn daraufhin ansieht, findet es sehr wohl glaubhaft, dass ihn eine wohltätige Nymphe bewohnen könnte. Als ich auf dem Rastplatz mit dem Quellwasserbecken am Ausgang der Schlucht mein

Gesicht erfrischte und trank, sang aus einem solchen Busch die Nachtigall. Die Weitung unter den hohen Baumkronen erwies sich als ein mächtig verstärkender Hallraum, über den die Rufe hinausquollen. Es bot sich an, die ganze Umgebung des Heiligtums nicht nur ins Auge zu fassen, sie auch mit sehenden Ohren wahrzunehmen. So ließen sich mühelos in die Säulenreihen des Tempels die Saiten der Phorminx Apollons hineinsehen; die feine Entasis ihrer Flanken bestätigt nur, dass sie schwingen. Und die großen hervortretenden Formen – von den Umrissen der Meeresbucht über die Hügelkämme bis zu den Berggraten – erweisen sich als das Ausschwingen ihrer Akkorde.

Man braucht seinen Namen nicht auszusprechen, ihn nur zu denken – das heißt: die ganze Szenerie auf Apollon hin anzusehen: und dieses Charisma, das einen umschwimmt, das man die Bläue nennt, leuchtet geistiger auf; die kupferfarbenen Felswände klingen wie angeschlagene Tempeltore – in Wellenlängen, die man nur im Rückenmark spürt. Die einander enttauchenden Höhenrisse und Uferformen werden zu sichtbaren Anrufungen seiner Gegenwart. In all dieses Mit- und Gegeneinanderschallen reckt der Giebel sein Dreieck als das heilige Richtscheit, das dem ewigen Chaos seine Ordnung entgegenhält. Leichter als andernorts treten hier Erde und Augball zur »*Cella*« zusammen, in der das Numen des Augenblicks hervorgeht.

III. Der Musenquell. Alkaios und Sappho auf der Vase

So viel bewundert sie als das Kleinod der Münchner Sammlungen gilt, die archäologischen Auskünfte sind dürftig: in Agrigent gefundenes Gefäß des berühmten attischen Vasenmalers Brygos. Ganz ungewöhnlich schon seine Form, weil es über dem Fuß ein Loch zum Anzapfen aufweist. Aber auch die Bemalung ist einzigartig, denn sie stellt zwei berühmte Dichtergestalten der damals gar nicht fernen Vergangenheit dar und benennt sie durch ihre beigeschriebenen Namen. All das legt die Vermutung nahe, dass hier ganz aus der Reihe der üblichen Manufaktur eine sehr persönliche Bestellung ausgeführt wurde.

Aber worum ging es dem Auftraggeber, wenn man die beiden Besonderheiten – die eigentümliche Form mit dem Ausschank und die zwei Dichterbildnisse mit ihren Instrumenten – zusammen ins Auge fasst? Nach der festlichen Verzierung und der Abbildung des Dionysos mit einer Mänade auf der Rückseite der Vase kann es sich nur um ein Weingefäß handeln. Dieser Wein, der von oben eingefüllt und unten ausgeschenkt wurde, durchfloss also die bemalte Wandung, sodass wohl nicht zufällig ist, an welcher Stelle sich die Öffnung befindet – welcher Anblick sich demjenigen bot, der an ihr seine Trinkschale füllte.

Das ist nun eben der Zwischenraum zwischen den beiden Figuren, und in diesen reicht die Lyra des Alkaios. Der schwarze Bildgrund bildet hier eine gerade senkrechte Bahn, die also der Wein durchfloss. Man kann gar nicht umhin, sich diesen vom Leierspiel des Dichters und seinen Worten getränkt zu denken. Denn die Finger seiner Linken greifen in die Saiten und das Plektron in seiner Rechten hat sie eben angerissen. Kleine Kreise vor dem geöffneten Mund deuten an, dass er singt. Von der Gestalt der Sappho geht ein angespanntes Zuhören aus, das den Klang- und Wortstrom zu ihr hinüber vollends vorstellbar macht, nicht minder den Rückstrom der Antwort, die sich vorbereitet. Denn sie hält ihr Plektron wie zum Anreißen ihrer Saiten bereit.

Dem Trinker, der das Bild mit offenen Augen und Ohren ansah, musste also der Wein, der in seine Schale floss, etwas von all dem einflößen, das hier vergegenwärtigt war – er trank den dichterischen Geist dieser Beiden. Mit Vergnügen stellt man fest, dass unser hausbackenes Wunschbild vom »*Poetischen Trichter*« [7] eine frühe, überaus praktische und sehr edle Verwirklichung fand.

---

7 Nämlich Georg Philipp Harsdörffers »Poetischer Trichter. Die Teutsche Dicht- und Reimkunst/ ohne Behuf der Lateinischen Sprache/ in VI. Stunden einzugiessen. *Durch ein Mitglied der hochlöblichen Fruchtbringenden Gesellschaft*«. Zum zweiten Mal aufgelegt und an vielen Orten vermehret. Nürnberg, 1648–1653 – der im Volksmund zum »*Nürnberger Trichter*« wurde.

Das wohltemperierte Universum

»Zum Nutzen und Gebrauch der Lehrbegierigen Musicalischen Jugend« sollte Johann Sebastian Bachs berühmte Sammlung von Klavierstücken dienen und sie *»durch alle Tone und Semitonia«* führen. So bietet der Zyklus für jede derselben ein *Präludium* und eine *Fuge*, also je ein Beispiel der freisten und strengsten Gattung, um zu allen Anforderungen und Möglichkeiten des Klavierspiels anzuleiten.

Das heißt aber auch: Immer andere Möglichkeiten des Komponierens werden hier durchgespielt, die in dichter Folge – auch innerhalb einzelner Stücke – auseinander hervorgehen können. *»Wenn alle Meisterwerke der Musik verlorengingen und nur das Wohltemperierte* Klavier *uns erhalten bliebe, so könnte man daraus die ganze Literatur wieder neu konstruieren.«* So lautet das Urteil Hans von Bülows, eines der feinsinnigsten Kenner und Gestalter des europäischen Musiklebens.

*

Aber es ist nicht nur ein Kompendium musikalischer Formen und Etüden. Ausdrücklich sollte es ebensowohl – wenn nicht in erster Linie! – *»zum besonderen Zeitvertreib«* für die *»in diesem Studio schon habil Seyenden« dienen.* Das kann nur heißen: zur reinen Freude am Musizieren, und zwar – im Sinne der Anlage des Werks – *»durch alle Tone und Semitonia«* auch unseres Inneren. Ununterscheidbar vom handwerklichen Lehrbuch ist so ein menschliches Universum in Klängen entstanden.

Wann immer der Meister als Kantor seines Amtes waltete, stand fest, dass die Musik wie die Philosophie *»ancilla theologiae«* – *»die Magd der Theologie«* – im Besonderen die Dienerin der lutherischen Gottesdienste zu sein hatte: Choräle zu begleiten, Evangelien zu rezitieren, die Feiertage mit Kantaten und Oratorien auszustatten – all das *»Ad maiorem Dei gloriam«*. Von all dem war sie entbunden, wo man sie den Weltkindern zu ihrem *»Zeitvertreib«* zuführte. Nun diente sie diesen zur Stimme ihrer Freuden und Nöte, Geheimnisse und Erinnerungen. Mit seinem Reichtum an ungehörten Klängen aus tiefsten Kammern der menschlichen Seele reiht das Werk sich an die großen Weltbücher der Menschheit.

So weltweit gültig stellt es sich dar, dass ein bedeutender isländischer Autor von universaler Belesenheit, Halldor Laxness, auf die Frage, welches Buch er in die Verbannung auf eine einsame Insel mitnehmen würde, nicht die Bibel, nicht die *»Göttliche Komödie«*, noch Shakespeares Dramen oder Goethes *»Faust«* nannte, sondern das *»Wohltemperierte Klavier«*.

*

Aber ist die Musik hier wirklich die Stimme, das Instrument unsrer nach Ausdruck verlangenden Bedrängnisse welcher Art auch immer? Nicht vielmehr die Erweckerin zu nie betätigten Regungen unseres Inneren, die Befreierin zu einer ungeahnten Leichtigkeit unserer Bewegungen, die Anführerin zu vorher unbetretenen Bereichen unseres Schweifens und niegehabten Wahrnehmungen unseres Gehörs und mit ihm unserer Seele? Wir in unserer schweren Körperlichkeit werden zum feinsten Mitschwingen in körperlosen Tänzen befähigt. Als Chorführerin schreitet, tanzt, stürmt, jubelt sie uns in allen Graden des Übermuts und der Gemessenheit voran. Ein Jubel befreiter Seele und Menschlichkeit schallt einem aus diesem Werk entgegen. Schillers Lehrsatz, dass der Mensch nur dort ganz Mensch ist, wo er spielt, ist hier längst vor ihm erwiesen und leibhaft erfahrbar.

Und das klingende menschliche Universum weist über sich hinaus; die Choreografie seiner Tanzbewegungen scheint geradenwegs in einen Kosmos von Planetenbahnen und kreisenden Fixsternhimmeln überzugehen – uns mitten in ihn hineinzuführen, als gingen seine Bewegungen durch uns hindurch und wir tummelten uns mit ihnen in dem klingenden Gestöber. So oder so tut sich ein Neuland, ein nie betretenes und doch innigst anheimelndes vor unseren Ohren auf, als sei unser Hiesiges dort in geklärten Urformen vorgebildet. Wie heimatlich-ländlich anmutende Festklänge ins Planetarische einmünden können, so gehen sie wie Engelsbotschaften an einfachste Hirten auch wieder aus ihnen hervor.

*

Es gibt aber auch Fugen, die ihr Thema Ton vor Ton wie Schrittsteine ins Unbegangene setzen. Es ist der Schöpfungsakt schlechthin, der kein vorhandenes Neuland betritt, der es erschafft. Als gehe dort unser Gründen in jederlei Sinne vor sich – so sind der Fantasie keine Grenzen gesetzt. Es könnte der Grundriss unseres Dombaus sein, was da entsteht, der Mauerverlauf um unseren Burgfrieden – wenn nicht die Präambel zu einem Gesetzbuch. In all das strömt dann das Leben, zunächst als ein lustvoll beherrschtes Getümmel. Binnen Kurzem droht es die Umrisse zu sprengen – das Chaos kündet sich an. Vom ordnenden Geist schaut nur mehr der oberste Stirnrand heraus – man hält den Atem an, sieht ihn schon versinken. Und er entringt sich den entfesselten Elementen – leuchtet alsbald über den Bändigungen, die ein fürstliches Portal zu seiner Siegerehrung errichten.

Aber er geht nicht unverändert hervor – in durchlaufenen Feuer- und Wasserproben hat er sich seine so oder so beschaffenen Weihen geholt. Dann wieder kehrt er aus Höllenfahrten mit einem Gefolge befreiter Seelen zurück.

*

Nach und nach macht die Abfolge der Stücke mit einem Mikrokosmos vertraut, die unser eigenes geklärtes Inneres darstellen könnte, von allen Verworrenheiten und Plagen befreit. So völlig erfahren wir ihr Erklingen als den Eigenton unsrer leibhaften Klangschale, in der wir umgehen.

Ebensowohl ist sie als ein klangliches Modell des Weltalls zu erleben, in dem aber wir uns selber durchaus als ein mitbewegtes, mitschwingendes Körperchen wahrnehmen. Eben dies macht seine befreiendste Wirkung im Anhören aus: Denn der Inbegriff des tragischen Individuums ist das Solo, die einsame Solostimme. Hier aber ist sie aufgehoben in einem Ganzen, in ihm geborgen. Es gibt keine Einsamkeit hier; alles weiß und erfährt sich *»In Brudersphären Wettgesang«*. Vornehmlich in den Fugen geschieht diese Überwindung des Tragischen, wenn sie das Einzelne, in das Schweigen Entspringende, in immer größere Zusammenhänge einführen und ihm eine Rolle, einen wesentlichen Beitrag zuteilen.

So könnte der *»besondere«* Zeitvertreib, zu dem sich das Werk empfiehlt, ausdrücklich bedeuten, dass es geschaffen ist, buchstäblich die Zeit zu vertreiben und in die Zeitlosigkeit zu versetzen.

*

Vollends in platonischen Sphären meint man sich zu befinden, wo die Musik nur mehr mit sich selber befasst ist: mit ihren Gesetzen, Tonreihen, Kadenzen und der Mathematik ihrer Harmonien – wo sie sich weiterschafft in verwegenen Vorstößen und Experimenten. Hier gibt sie nicht unsere Emotionen mehr wieder, malt nicht unsere Fantasien aus und bezieht sich nicht rühmend oder verkündend mehr auf das biblische Sechstagewerk – weil sie selber zum Schöpfungsgeschehen schlechthin geworden ist, das sich in ihr fortsetzt.

So ist sie – die zeitlichste, vergänglichste Kunst – fähig, zeitlose Ordnungen und Urformen allen Geschehens zu vergegenwärtigen, sie als das verfolgbare Schauspiel einer imaginären und doch unbestreitbaren Wirklichkeit in ihrem sich Ereignen vor die inneren Augen zu führen. So hat Beethoven dieses Werk als das gegenwärtige Sprudeln des Quellorts aller Musik erfahren, wenn er sagt: *»Immer, wenn ich beim Komponieren ins Stocken geriet, nahm ich das Wohltemperierte Klavier hervor, und sogleich sprossen mir wieder neue Ideen.«*

Damit erweist die Musik sich als die ebenbürtige – wenn nicht überlegene! – Verbündete der barocken Architektur: vom gleichen Ehrgeiz beseelt, das himmlische Jenseits als den Lebens- und Lichtquell schlechthin nicht wie die mittelalterliche Baukunst zu bedeuten, sondern sinnlich-real darzustellen. Ihr beider Zusammenwirken in einer sonnedurchfluteten Feier ist sonach wohl als die höchstmögliche Epiphanie, als der schlechthin göttliche Augenblick *»auf der dunklen Erde«* zu bezeichnen. Indem die Musik sich als die Fortsetzerin der göttlichen Schöpfung erweist, wird sie auf einem Umweg wiederum ihrer geistlichen Bestimmung gerecht, *»Ad maiorem Dei gloriam«* zu erklingen – nicht als Dienerin, sondern als Darstellerin.

*

Wo es um eine Jenseitserfahrung geht, befindet man sich in Bereichen der Mystik – hier aber keiner, die das Einswerden mit dem Gestaltlosen sucht. Es ist eine Mystik des Eintritts in ein klangsymbolisches Schöpfungsgeschehen, die im Mitvollzug desselben zu einer erweiterten Selbsterfahrung kommt. Der Hörende, vollends der Musizierende, als der Mitschwingende nimmt sein Übereinstimmen, also sein leibhaftes Einssein mit dem Erklingenden wahr, ohne in ihm zu erlöschen.

Wie die Architektur das Feste in Erscheinungen einer Lichtwelt überführt, so lässt diese Musik mit- und gegeneinander verlaufende Linien in den Zusammenklang eines nicht imaginären Universums münden, vielmehr der uns real umkreisenden Planetensphären. Denn die antike Musiklehre, aus der auch Bach noch hervorgegangen ist, leitete die musikalischen Harmonien aus den Maßverhältnissen unseres Planetensystems her. Indem Johann Sebastian sie aufbrausen ließ, war er von kosmischen Vorgängen umgeben, führte er Auf- und Untergänge von Himmelskörpern mit steigenden Meeresfluten und elementaren Wetterfronten gegeneinander auf. Wo jenseits von Wohlklang und Disharmonie etwas wie der Vollklang eines zugleich ruhenden und in sich selbst umgetriebenen Weltalls hörbar wird, der den Hörer für ein Untertauchen in seinen Strudel reißt, kann es ohne schamanische Praktiken zu Erlebnissen einer kosmischen Unio und zugleich der Selbsterfahrung einer einzigartig vollmenschlichen Spanne von hellwachem Bewusstsein bis zu physisch-lustvollen Vibrationen kommen.

*

So besehen stellen die Etüden des Schulwerks Stationen eines Meditationsweges – also einer Initiation – dar. Der Vollziehende sieht sich aber nicht in immer dünnere Sphären zur immer völligeren Auflösung seiner selbst im Grenzenlosen geführt; vielmehr befördern die immer neuen Einsätze mit bisweilen durchaus vital erfahrbaren, wenn nicht tänzerischen Rhythmen ihn allemal zu seiner physischen Existenz zurück, um bei ihr gepackt zu einem wieder neuen Ausgriff und wieder anderen Raumgewinn mitgenommen zu werden. So stößt jedes Präludium und jede Fuge zu dem immer gleichen *arcanum* vor – aber lenkt auch den Hörenden mit ebenso sicherer Hand in unsere irdischen Ordnungen zurück.

Mayas tanzende Töchter

Als indischer Mensch auf die Welt zu kommen, das heißt seit Langem, ein allerwinzigstes Fünkchen in einem Feuerwerk zu sein, das ununterbrochen um einen her aufsprüht, und sich mit ihm in seinen ebenso reißenden Untergängen zu verlieren. Das heißt aber auch, sich seiner Nichtigkeit angesichts des göttlichen Geschehens, von dem man sich als Teil erfährt, gar nicht bewusst zu werden wie etwa ein Grieche der klassischen Zeit. Im selben Maß, wie der sein Erliegen erlitt, wusste die Tragödie den ungebrochenen Trotz ihrer Helden durch ihre Selbstbehauptung im Untergang in einen Sieg zu wenden.

Was hier wie dort durch den Menschen hindurch seinen Lauf nimmt, umgibt den Inder in Gestalt der subtropischen Natur Südasiens ungleich mächtiger und verzehrender und brachte schon dadurch seine uns kaum bekannte Ergebenheit an dieses Einssein mit ihm hervor. Nicht minder durchdringt das unabsehliche Weltall seiner Göttersphären, Legenden und Mythen seinen Lebenslauf in Feiern, täglichen Ritualen, Gesängen und abendelangen Rezitationen zu jeder Gottheit, jedem Helden und Heiligen. Leibhaft betritt er dieses Universum, sooft er einen Tempel mit seinen figuralen Fassaden, Bilderschluchten und Höfen voll unabsehlicher Friese und Nischen besucht.

Und diese Verlorenheit in der Fülle sich durchkreuzender und überstürzender Welten führt – für uns kaum fassbar – zu keiner Verzweiflung oder auch nur Resignation, weil es die Teilhabe an dem fraglos Göttlichen gibt. So ist es die erklärte Bestimmung der Bildwerke im Tempel, die Anwesenheit der Gottheiten zu vermitteln, ihre Wirkungen einzuflößen. Nachvollziehbar für uns ist das wohl am ehesten angesichts der allbekannten Darstellung des tanzenden Shiva im Feuerreif, der vielarmig Welten erschafft und zur Erhaltung des kosmischen Geschehens wieder zugrunde tanzt. Hier hat man den indischen Kosmos in einem höchst eindringlichen Kultbild zusammengefasst.

Aber es gibt eine Gelegenheit, wo es nicht zu Stein oder Bronze erstarrt, sondern als bewegter Vorgang vor Augen tritt. Das ist der indische Tanz. Sein Ursprung im Kult ist bekannt; sein angemessenster Ort ist also der Tempel. Er war verweltlicht, auch heruntergekommen; aber es hat eine Bewegung gegeben, die ihn nach überlebenden Resten und alten Quellen glaubhaft wiederhergestellt hat. Wo immer ihn eine Tänzerin aufführt – auch bei uns! –, ist er von so raumverwandelnder Wirkung, dass es nicht schwer fällt, seine ursprüngliche Bestimmung und Szenerie sich hinzuzudenken.

Wer aus unseren Theatern kommt, die einander an Banalisierungen überbieten, traut seinen Augen nicht: Überirdisch gesteigerte Schönheit einer menschlichen Erscheinung entfaltet sich vor ihm in pausenloser Verwandlung. Schon ihr farbenfreudiges Kostüm mit den Glöckchen an den Fußgelenken, die sie einzeln oder insgesamt anschlägt, und dem Schmuck ihrer Hände, Arme, Ohren, die bemalten Fußsohlen und Handteller, das Diadem auf der Stirn machen ihren Auftritt zum Ausbruch eines tropischen Frühlings. Vollends ihre einschmiegsame Gebärdensprache ist von unwiderstehlich besitzergreifendem Charme.

Und doch treibt hier keine Carmen, La Traviata oder Lulu ihre Verführungskünste. So leicht und naturhaft ihr Tanz erscheint, es liegt ihm eine sehr strenge Kunst hieratischer Gesten zugrunde, die nichts Geringerem als der Epiphanie eines höheren Wesens dient. Kein Wimperschlag oder Fingerspreizen ist beliebig; sie sind Bestandteil einer überaus »wortreichen« Zeichensprache zur tänzerischen Darstellung ganzer Mythen, Legenden und epischer Episoden. Über dreißig Stellungen der Augen, nicht ganz so viele des Kopfes, der Brauen, selbst der Nase und Wangen, erst recht der Füße werden genannt. Vollends das ohnehin sprudelnde Fingerspiel südländischer Hände ist zu einer zweistimmig züngelnden Gesprächigkeit gesteigert. Und jedes dieser Signale ist Träger von mehreren Bedeutungen je nach der Verbindung mit andren. Man sagt ihnen insgesamt nach, dass sie imstande seien, jede Verszeile der alten Epen in eine der Haltungen ihres fließenden Vortrags zu übersetzen. So völlig ist er getanzte Poesie.

All das verlangt zur völligen Körperbeherrschung eine vielseitige Bildung, um die Inhalte und Anklänge des hinzugesungenen oder gemeinten Wortlauts hervorzukehren – und zwar im nicht selten sehr komplizierten Takt der begleitenden Trommel und der immerfort fein modulierenden Sitar, der indischen Laute oder Gitarre. Es ist ein vielstimmiger Strom, dem sie sich als verstehendes Medium und folgsames Windspiel anheimzugeben hat.

Ebenso wach und mitbewegsam sollte der Zuschauer sein – bereit, sich von dieser vereinten Strömung aus bildlichem Vorgang, dem Bewegungsfluss ihres Tanzes im Sinne der Musik tragen zu lassen. Es kann ihm geschehen, dass er da vorne an der kleinen Stelle, die sie nur braucht, etwas wie ein heiliges Feuer wahrnimmt, das sie aus dem Boden stampft, dessen Flackern und Züngeln ihr Tanz ist. Es verwandelt sich um sie her in all die Erscheinungen, die sie in Gesten auswirft, etwa den Feuerreifen um den tanzenden Gott, den Sternenhimmel, die Wolken, Gebirge, ja die Wesen selber, die sie beschwört, sodass sich das Weltall, zu ihrer bewegten Gestalt verdichtet, an dieser Stelle im Kleinen ereignet.

Mithin stellt sie letzten Endes die große Blendwerkerin und Zauberin Maya dar, die uns mit wiegenden Hüften und umgarnenden Seitenblicken zum Leben, zur Lust verführt – uns in den Kreis des Werdens und Vergehens zurücklenkt. Leidvoll erfährt der Inder sein Verfallensein an ihre Macht. So ringt er Geburt auf Wiedergeburt um seine Befreiung – das Lächeln des Buddha, das über sie hinausgerückt dies göttliche Spiel des Seins überschaut, frei teilzunehmen oder es unter sich zu lassen. Denn alles Geschehen ist *lîlâ,* das kosmische Spiel der Götter. Nirgendwo sonst wird es, zu einem greifbar nahen Wesen verkörpert, so betörend erfahrbar wie in dieser spielenden, ganz zu Musik und Tanz gewordenen Anmut.

Auszug aus »Gedicht und Musik. Auf Partnersuche«

Die Zweie täten wohl gut daran, sich mit dem einfachsten einander Zuwerfen und Auffangen einzuüben – vielleicht wie ein Spaziergänger sich mit seinem spielfreudigen Hund unterhält. Der würde wohl bald einen Stock anschleppen und ihn seinem Herrn unmissverständlich vor die Füße legen. Dieser wäre wahrscheinlich bedacht, das bloße Vorauswerfen nach und nach mit vorgetäuschten Richtungen und Würfen in Baumkronen oder ins Dickicht abzuwechseln. Unermüdlich würde sein treuer Vierbeiner losrennen, die Wiese durchstöbern, sich vom Anlauf am Ziel überschlagen und seinen Fund wie ein Beutetier schütteln, um ihn in übermütigen Sprüngen zurückzubringen – seinen immer zu trägen Mitspieler mit Gebell zum nächsten Ausholen zu ermuntern.

Irgendwann kämen sie an einen See oder Fluss: Weit draußen mit prächtigen Wellenringen schlüge der Stock ein – und Bello stürzt sich in die Fluten, dass ein Feuerwerk von Arpeggien aufsprüht. Mit einer stolzen Bugwelle rudert er los und hat alsbald seine Trophäe gepackt. Freudestrahlend bringt er sie an Land und – Vorsicht! – schüttelt sein Fell: will sagen, die Mähne des großen Virtuosen, dass die Sextolen und Zweiunddreißigstelnoten in der Sonne wirbeln und blitzen. Eine Weile rennt und kapriolt er mit ihr noch herum, ehe er sie sich entreißen lässt.

In höheren Lagen stellt sich das Bild eines Bergwanderers ein, der Fuß vor mühsamen Fuß durch den Schotter vorankommt. Mit dem gutbürgerlichen Apportierspiel ist es hier aus – ganz andere Partner und nur für ein kurzes Hin- und Herüber bieten sich an:

Ein Gamsbock etwa stößt einen Warnpfiff aus und fährt von dir aufgestört auf Füßen wie Hände des Pianisten einen grasigen Hang hinauf. Bei den ersten Krüppelkiefern wendet er sich als der lässige Sieger zu dem Kriechtier da unten zurück.

Umwegig auf menschengerechten Kehren kriechst du ihm nach – bis du ihm wieder lästig wirst. Es könnte dein Geruch nach dem Badezimmer oder der Schuhkreme sein – wenn nicht das Ticken der Uhr in deiner Tasche.

Mit energischer Abkehr setzt er über klirrende Gerölle ein erstes felsiges Steilstück hinan, entfesselt womöglich einen Hangrutsch mit talwärts rollenden Brocken in immer weiter hüpfenden Sprüngen und kommt dir alsbald aus den Augen.

Ohnehin führt dich dein immer umständlicheres Geschlängel weitab von seinem Revier, das aber bei aller Beschämung über dein aussichtsloses Zurückbleiben von seiner Leichte irgendwie angesteckt ist.

Einmal noch könnte der Herr der Szene dir seinen Anblick gewähren: auf einem Vorsprung gelagert, dir fürstlich gönnerhaft zugewendet, als sei dein unverdrossenes Weiterstapfen ein unterhaltsames Schauspiel für ihn – als gäben sein Wiederkäun und deine gemächlichen Schritte einander den Takt an – –

Dann werden es Dohlen sein, die zu dem Ansteiger herabstoßen und wieder in Steilflügen gipfel an. Man weiß nicht, ob ihre Schreie Lock- oder Hohnrufe sind:

»Wo bleibst du, Plumpsack? Warum ziehst du die schweren Klotzer nicht aus und wirfst deinen Ballast ab? Schau, so nah ist der Gipfel, so leicht zu haben – und nur ein paar Flügelschläge bis zu dem nächsten!«

Ihr habt gut reden: Wir in dem schweren Schuhwerk der Sprache, mit dieser Wanderkrippe auf unserem Rücken, die unser Wortschatz ist – dieser Plunder aus einer *Second-hand-boutique!* Aber wartet, wozu der taugt – was euch entgeht!

Sie steil hinab in die rauschende Klamm – weiß der Himmel, was sie da treiben: wühlen in einem Aas? Baden die Flügel im Sprühen des Wasserfalls? Und sind schon zurück – zu den Pfiffen des Murmeltiers!

Ich rühme den Enzian, blauer noch als euer höchster Azur – den Almrausch, der an Halden die müde gewordenen Lider erquickt – die samtweißen Sterne vom Edelweiß, das den schmerzhaft geblendeten Augen wohltut!

Sie fädeln sich in die Fuge der Höhenrisse ein und überlagern sie mit den Segelkünsten und Sturzflügen ihrer Kadenzen, die Brücken zum Föhngewölk und den obersten Zirren im Hochwind schlagen.

Ich führe den Glimmer an, der den Schotter am Weg in der Sonne vergoldet, den Bergkristall, den die letzte Lawine am Rand aus den schwergrauen Muttergesteinen befreit hat; und das Katzengold, zu dem der stinkende Schwefel aufersteht.

Ihr blaues Ertrinken auf Wendeltreppen aus Luft in drei- oder vierfach gestrichenen Oktaven im Hochmeer, das unter ihnen zusammenschlägt, lässt mich mit dem Nackenschmerz und dem Anflug von Schwindel um meine Schläfen zurück.

Sie dort – ich hier: Wir tragen das Leben voran! Ich leiste den Flechten und Moosen Gesellschaft: Wir lockern die Krume. Ich trage die Samen der Wiese am Schuh – auf die erste zögernde Blüte am Taurand der Fröste zu.

Da kreischen sie zu meinem Rastplatz heran und reißen die Schnäbel auf. Meine Brocken fangen sie mit einer fliegenden Kapriole auf. Sie würden mir selbst keinen einzigen lassen – mehr noch: Wenn ich da irgendwo abgestürzt läge, jede Faser von meinen Knochen zerren. Ein Gebalge wäre das und Geschrei, das sicher in Gottes Ohr – wie man unseren Alten da oben kennt – köstliche Musik wäre. Ein wilder Schlussakkord, zu dem wir zusamenflössen!

An den betenden Ufern. Brief aus Benares

Alle Vorstellungen und Maßstäbe dessen, was menschliches Leben heißt und sein kann, sind durch die Erfahrungen in diesem Land – die alles Erhoffte, aber auch Befürchtete übertreffen – in Bewegung geraten. Vielleicht ist kein zweiter Ort der Erde, wo Dasein in seiner vollen Spanne so bildhaft vor Augen tritt wie an den »ghats«, den Ufertreppen von Benares.

Was für Erscheinungen! Etwa der Sonnenaufgang auf der Gangā mit dem zähen Ruderer in seinem geflickten Boot. Es geht flussabwärts: zur Linken an dem hochgestaffelten Ufer mit seinem Gedränge heller, wenn auch verkommener Paläste und armseliger in jede Lücke eingenisteter Hütten in der anschwellenden Morgenbeleuchtung entlang – auf dem nach und nach eine Geschäftigkeit wie das Stimmen eines großen Orchesters vernehmlich wird.

Dem zu Füßen zieht der Strom in fahler Helligkeit durch das sandige Hochwasserbett, das zur Rechten in ein undeutliches kaum unterbrochenes Gebüsch übergeht, aus dem man des Nachts die Schakale hört – also Wildnis. Und über dieser verdichtet sich die lagernde Röte zum plötzlich hervorgetretenen Oberrand der Sonne!

Ausbrechender Jubel, Gesang, Tumult meldet die Heraufkunft der Gottheit, die sich alsbald in blendender Reinheit und nicht zu bezweifelnder Gegenwärtigkeit einer sich öffnenden überirdischen Sphäre zeigt – dass du die Augen senkst, dir verschwitzt und staubig vorkommst und etwas wie Scham spürst, weil du nicht mitbadest mit den Anbetern in ihrem Angesicht, die sich allmorgendlich hier zusammendrängen. Sie stehen zum Aufgang gewendet bis zum Nabel in der scheinbar gemächlichen, machtvollen Strömung – die Einen laut singend, Andere murmelnd, die Lippen bewegend oder auch stumm mit geschlossenen Augen, Jeder wie an einem eigenen Altar, als sein eigener Priester. So gießen sie Wasser aus hoch erhobenen Krügen, verneigen sich mit einem Reichtum anbetender Gebärden, schwingen auch Räucherstäbe und lassen Lichter treiben. Immer wieder tauchen sie unter und eben waschen sich – reiben schaben bürsten den ganzen Leib, aber auch ihre Kleider und Lendenschurze. Berufliche Wäscher und Wäscherinnen mit Körben und verknoteten Ballen kommen hinzu – große Trockenflächen des Strands färben sich leuchtend bunt von den Tüchern, Hemden und langen Stoffbahnen, die sie wie einen täglichen Festschmuck ausbreiten. Wieder Andere auf Stufen, Terrassen und Dächern, in steinernen Lauben und Loggien läuten Glocken, blasen Muschelhörner oder schlagen Trommeln, schwingen Gongscheiben und Zimbeln. Dieses Schallen und Widerhallen des ganzen Luftraums in seiner elementaren, beinahe dämonischen Energie – auch das geht einem hier auf – meint mehr als die menschliche Antwort und Begrüßung; es ist die hörbare Anwesenheit des Heiligen in der Vielfalt seiner Erscheinungsweisen, wie das Licht seine sichtbare, nicht minder vielgestaltige ist. Und der Anteil der Menschen ist, dem Hände und Mund zu leihen – seine Stimmbänder zu sein, von ihm zu erklingen. Als das »tremendum« rüttelt es in den heftigen und erregten Trommelschlägen und wird zum tönenden Hauch in diesen geisterhaft übersinnlichen Muschelhörnern. Sie sind der klanggewordene Atem, stoffloser als jeder Gong- oder Glockenton – geistiger Hall, der mit jedem Laut über die Grenze der Hörbarkeit deutet und mit dieser mehr als seidigen Anmut des Frühlichts zu einem schwingenden Etwas von unendlicher Feinheit verschmilzt. Und er bleibt naturhaft wie der Wanderruf eines unbekannten Tiers, das zum Gesang des Meeres verstärkte Rauschen einer Muschel am Ohr.

Auch Pilgerzüge erkennt man, vornehmlich von Frauen, die laut singend vor Tagesbeginn – nicht in der uns vertrauten kreuztragenden Gangart schleppender Wallfahrerweisen – mit straffen leichtfüßigen beinah eiligen Schritten eingetroffen sind, die meisten mit einem verschnürten Bündel auf dem Kopf, das ihrem Gang vollends alles Gebeugte nimmt. Sie ziehen in langer Reihe an den dasitzenden Bettlern und Sadhus vorüber und schnippen ein paar Körner Reis in die Schale eines jeden oder auf seine Matte.

Andere haben am Wasser genächtigt, eben die Sadhus – die »Vollendeten« oder die »Waldgänger«, die aufgebrochen sind, um sich der Vereinigung, dem Einmünden in das Eine, das göttliche Wesen und seines eigenes als der vierten und letzten Stufe des brahmanischen Lebensweges preiszugeben. Sie leben und schlafen auf einer erdfarbenen Decke, bestenfalls unter ein paar Palmblättern von einem Dach oder Schirm, in ihr nach Art einer Toga getragenes orangefarbenes Tuch gehüllt. Sie reden kein Wort mehr – obschon ihr Äußeres an Gestalten auf altertümlichen Einsiedler- und Heiligenbildern erinnert: Es sind nicht »die Weisen, göttlich Milden« Griechenlands oder unserer Legenden – abweisende Schädelknorren des Himālaya vor ihrer Rückkehr in die Vereisung! Unter all den Verrichtungen, die man bemerkt, fallen yogische Übungen auf, die sich hier mehr als bei unseren Nachahmern als Gebets- oder Meditationshaltungen erweisen, insofern sie mit innerer Sammlung eingenommen und durchdrungen werden. Vollends sichtbar wird das an der »Sonnenbegrüßung«, einer geschmeidigen Folge von Beugen und Errichtungen, Knien und hingestrecktem sich Stützen und wieder Aufschwingen, die zugleich den Sinn einer beschwingten Gymnastik erfüllt – in Bildern von antiker Schönheit der Leiber.

Nach und nach kommen die Rauchsäulen der Feuerstellen und offenen Herde hinzu, wo sie Reis und Tee kochen oder Fladen backen. Aber auch von den Scheiterhaufen steigen sie auf, bei denen die männlichen Anverwandten ihre Toten auf blumengeschmückten Bahren in den Fluss tauchen und alsdann dem Feuer zurückgeben, das sie mit Sonne und Mond als eine lebenspendende Trinität verehren. Und das Ufergewimmel der Bettler, Händler, Barbiere und Schuster mit nichts als einem Werkzeugtischchen unterm Sonnenschirm beginnt. Nicht zu vergessen die Kinder, die mit ihren rührend bescheidenen Spielzeugen – den Kieselsteinen, Spindelfrüchten anstelle der Kreisel und selber geklebten Drachen – selig sind.

Zwischen ihnen bewegen sich außer den Hunden und Katzen Rudel von Ziegen und Schweinen und – nach den Menschen das Bild bestimmend: die Kühe! Diese schönen, nicht selten fast weißen Kühe, die feingliedrig wie Hindinnen mit langen geschweiften Hörnern sind – wandelnde Ruheherde, die das gesamte indische Leben bis in das dichteste Straßengedränge, selbst der Fernbahnen, die sie queren, oder als Weidewechsel entlangziehn, mit ihrer sanften unbeirrbar duldsamen Weise begütigen und durchmildern. Andernorts sind es die Tempelelefanten, die in den geräumigen Vorhöfen den Besuchern mit ihrem Rüssel die hingestreckten Münzen aus der Hand nehmen, sie dem Wärter überreichen und noch einmal zu dem Spender zurückschwenkend ihn segnen. Denn die Erde gehört nicht den Menschen hier, die mit keinem größeren Recht als die Mitgeschöpfe auf ihr sich bewegen und sich aller in Anspruch genommenen Dinge als einer verpflichtenden und jederzeit kündbaren Gewährung bewusst bleiben. Der Sinn ihrer täglichen Begehungen wie einer solchen Morgenfeier ist, eben diese Gesinnung zu erneuern und durch Opfer – nicht nur in Gedanken und Worten, sondern Darbringungen ihres Erntens und Schaffens – zu bekunden.

So stellt das ganze irdische Getümmel für den gläubigen Hindu ein einziges zusammenhängendes Gewebe aus göttlichem Bewusstsein dar, das sich in den unbewussten Dingen und Wesen verkörpert und mit seinem Vonstattengehen, sich Teilen und wieder Zusammenfließen das Geschehen der Welt und des Lebens ausmacht. Aus der dumpfen Getriebenheit zum einsichtig beipflichtenden Bewusstsein des höheren Willens zu kommen und der Rückkehr des Getrennten zu seinem Ursprung zu dienen, ist der Kern seiner Frömmigkeit und das Bestreben des Einzelnen. All das fromme Treiben regt sich um die zahllosen meist offenen Nischen, Tabernakel und Schreine am Saum der Gebäude oder unter den Bäumen mit den urtümlichen oder auch neu errichteten Idolen, die fettglänzend und geschwärzt von den Spenden sind – nicht selten in Blumengirlanden und Rauch gehüllt, mit den Betern und Opferern davor.

Der Grundton bei aller Armut ist heiter; dem Fremden begegnet Offenheit und hellwache Aufmerksamkeit, kaum Missgunst oder hämische Seitenblicke – auch nicht aus dem untersten Elend, das mit einer uns unbekannten und – man fragt sich, ob nicht überlegenen – Würde und Ergebenheit in eine heilige auferlegte Bestimmung ertragen wird. Denn sie wissen sich durch ihre Leiden nicht wie westliche Menschen an ihrer Verwirklichung gehindert, sondern auf ihrem wesentlichen Weg gefördert, der Erfüllung ihres Daseins nähergebracht. Bis zum Boot herüber sehe ich mich von diesen großen lauteren und gläubigen Augen angeschaut – eingeladen, an ihrer regen Lebendigkeit ohne Hast teilzunehmen.

Je reicher an Formen und Ausdruck sie sich vor einem entfaltet, umso verarmter ist man versucht sich selbst zu fühlen; und mit wachsendem Unmut, dass man der Abseitige Stumme Verschlossene ist, regt sich die Frage: Und du – und wir? An diesen Treppen, wo das Dasein sich selber feiert, wo die Tage ein fortgesetztes Fest der Götter sind, das selbst in den Nächten von Einzelnen aufrechterhalten wird, wo jeder auf seine Art mitzufeiern und seinen Anteil zu bieten weiß: Was aus unserer Welt hätten wir beizutragen – wir, für die elektronische Läutwerke die festliche Stimmung machen? Was von deinen gelernten Chorälen, Gebeten, Gedichten kommt dir hier auf die Zunge, stünde dir hier zu Gebote – hielte hier stand?

Die güldne Sonne
voll Freud' und Wonne
bringt unsern Grenzen
mit ihrem Glänzen
ein herzerquickendes liebliches Licht.

Vor diesem Hintergund: rührend! Man sah – deutlicher noch hörte – gut gelaunte Bürgersleute auf dem gemächlichen Kirchgang durch die wohlumgrenzten Vorgärten und Anlagen ihrer Kleinstadt.

Morgenglanz der Ewigkeit,
Licht vom unerschöpften Lichte,
schick' uns diese Morgenzeit
deine Strahlen zu Gesichte.

Das kam schon näher: feierliche und gewichtige Worte von vergleichbarer Höhe der Deutung und Sicht! Nur wieder neben den hier gehörten strengen zugleich und sinnlich prallen Weisen, die so schweifend und gespannt wie Vogelrufe erschallen: Wie das Andersartige und Beschränkte des eigenen Altvertrauten hervortrat! Dieses beschaulich-empfindsame sich Niederlassen auf den bürgerlichen Ruhe- und Kirchenbänken der kleinen Terz, das sein erbauliches Gottestheater in barocker Vergoldung vor Augen hatte. Während man hier leibhaft in dem Strömenden stand, das um einen her und hoch über einen dahin seinen Aufzug und Weiterzug hielt und vom singenden Strom der Worte nicht zu trennen war, dem man selber als der Mitträger des Geschehens zu seiner vollen Vergegenwärtigung vibrierende Worte unterlegte.

Splendor paternae gloriae
de luce lucem proferens,
lux lucis et fons luminis
diem dies illuminans.[1]

Das tönte in gleicher Mächtigkeit und schien einzustimmen in den hier aufbrausenden Hymnus – eines Sinnes mit diesen. Aber dann die fatale Theologie: Die Sonne war gar nicht gemeint! Der hier Gefeierten wurde der »verus sol«, die »wahre Sonne« Jesus Christus entgegengesetzt; mithin die Sichtbare zur falschen und dieses ganze heiligergriffene Geschehen zum Irrglauben erklärt. Der alte Dünkel des christlichen Abendlands: die peinliche Engsichtigkeit des erwählten Volkes, der erwählten Kirche, welche die Anwesenheit ihres Gottes auch im alltäglichen Sonnenlicht nicht wahrnimmt und ihren Gläubigen bestreitet, Erde und Sonne wie Brot und Wein – ohne spekulativdogmatische Wandlung! – als seinen Leib, also seine innewohnende

---

1 *»Glanz von des Vaters Glorie,*
vom Lichte Licht trägst du voran,
des Lichtes Licht, der Leuchte Quell
Tag, der des Tags Erleuchter ist.«

Gegenwart zu empfangen und zu verehren. Und so unsere Welt dem Missbrauch und der Ausbeutung preisgegeben hat. – Vollends der gregorianische Vortrag nahm sich hier weltfremd wie mit geschlossenen Augen aus. Er bedurfte der Strebepfeiler und Maßwerke gotischer Hochchöre, um sein zartes Rankenwerk mit den Stern- und Netzgewölben zu vereinen; die mystisch gedämpften Innenräume farbiger Glasfenster und Rosetten waren sein Element. Im Ungestüm dieser Stimmen und Erregungen fiel er ab wie ein Schattengewächs an der unverhüllten Sonne.

Ein herzhaftes Gegenstück stellte sich ein – das neapolitanische »o sole mio«:

Che bella cosa 'na jurnat' e sole –[2]

Weltkinds Sonnengesang schlechthin, mit dem man auf seinen Wanderungen manchen prächtigen Tag begrüßt und manchen trüben sich erheitert hatte; denn da streckte sich einer ins Licht und die Wärme und sang sein Behagen aus. Aber zugleich zuckte ein Zweifel auf: Wie schickte sich das an diesem Ort, zu diesen Vorgängen? Etwas unsicher und halbherzig kam es mir von den Lippen, als wir uns eben recht nahe am Strand bewegten. Der mir nächste Badende unterbrach seine Begehung, horchte unverwandt zu mir herüber und wies mich durch ein winziges Kopfschütteln zurecht. Ich verstummte – eine unbestechliche Witterung in mir sah sich bestärkt und atmete auf. Es war ein touristischer Missklang: allzu weltliches, sattgenießendes entgöttertes Abendland! Und er rügte wohl auch, dass ich zum Ufer hin sang, nicht zur Sonne gewandt – mich in das Blickfeld der Betenden einschob. Willig nahm mein Innerstes die sublime Beschämung an; es hob die Hände an die Stirn und verneigte sich vor dem Inder.

Doch die Unruhe des Erprobens und Abwägens hielt an. Verse aus vielerlei Winkeln der Erinnerung boten sich an und wurden verworfen. Aber dann:

---

2 *»Was für ein schönes Ding ist so ein Sonnentag«.*

Die Sonne tönt nach alter Weise
in Brudersphären Wettgesang.

Das hielt stand – auch hier! Fragloser noch:

Horchet, horcht dem Sturm der Horen!
Tönend wird für Geistesohren
schon der neue Tag geboren.

Man wusste es nicht zu singen, nur nach dem Versfall herzusagen – allenfalls in einem Rufton oder erfundenen Sprechgesang. Doch es war dieser Stunde gewachsen: Es hatte die Sonne wie hier erfahren und behauptete seine Stimme in dem hier vereinten Chor vieler Zeiten und Zungen. Ohne Fremdheit und Anstoß ließ es sich mit wachsender Klangfülle wiederholen – zur Sonne gerichtet wie eingereiht unter die Feiernden auf dem Land –, wie sehr auch die Rollensprache einer Faustischen Szenerie es prägte und mein Singebehelf von der volltönenden vedischen Vortragsweise abfiel, die so biegsam dem Wortlaut angeschmiegt ihn entfaltet und dem Singenden einen breiten Spielraum zwischen Sprechton und hymnischer Steigerung bietet.

So erwog ich weiter und am Ende war es gewiss: griechische Chorlieder und Strophen Pindarischer Hymnen waren das einzige Ebenbürtige und völlig Gemäße, das unsere Bildungswelt dem, der hier mithalten wollte, bot. Man würde sie vorholen und seine Vorräte um ein paar Stücke erweitern.

Ein Toter, rücklings und Kopf-voran, trieb am Boot vorüber – wie sachte mitwogend in all diesen Klängen auf seinem schon jenseitigen Weg. Er war in ein helles Tuch gehüllt, das von der Nässe die Umrisse des Körpers straff anliegend abformte. Es schien ein Totengeleit zu geben: Eine Bootslänge von ihm schnellte ein großer glänzender Fischleib ans Licht. Ich erfuhr, dass Süßwasserdelfine in diesen Gewässern leben – und sie schienen das Amt der Geier auf den Totentürmen der Parsen hier zu versehen, die ich bei den Ausläufern Bombays aufgesucht hatte. Die Ringe verliefen zur silbrig ziehenden Fläche, in welcher der Mitgeführte alsbald verschwamm. Mit ihm ging die Fernsicht in das unendlich feine Verflimmern der Kimm über, wo Wasser und Luft ununterscheidbar verschmolzen; wo dieses ungestüm dahinkreisende Element eins wurde mit der »himmlischen Gangā«, von deren geistigen Gaben die vedischen Bücher sprechen. Für ein Nu der Einsicht schloss sich der Kreis des strömenden sich Gestaltens und Umgestaltens und stand als ein schwingender Lichtbogen über dieser Stunde –

»Sisyphos zeigt seinen Stein vor«

Lange Zeit gehörte er neben so viel weiteren Dingen zu meinem Bildungsgut. Aber anders als all das Verflogene steckte er fest im Gedächtnis – nein, in den Augen! Man brauchte kein Bild und sah ihn doch mit seinem Stein und dem Berg. Da scheint er seine Stunde zu erwarten, um in unseren Spiegel zu treten und uns zu sagen: »Erkennst du mich nicht?«

In meinem Fall kam dieser Augenblick während einer rätselhaften Krankheit. Immer geringere Belastungen genügten, mich umzuwerfen. Ich brauchte Tage, um wieder hochzukommen. Bis der nächste Anfall mich umwarf. Das wiederholte sich über elende Jahre. Einer der Ärzte, die mir zu helfen versuchten, forderte mich auf, die Vorgänge genau zu beschreiben. Ich tat das; und ohne dass ich nach einer originellen Überschrift gesucht hatte, fuhr es mir in die Hand, darüber zu schreiben: »Sisyphos zeigt seinen Stein vor«.

Nun wusste ich, dass er mehr als eine altertümliche Fabelei von einem abstrusen Sträfling oder Büßer war. Ein menschliches Schicksal, das keinem völlig erspart bleibt, hatte in ihm sein Urbild gefunden. Aber er stand auch für die unverdrossene Haltung und Stärke desjenigen, der nicht aufgibt.

Eindringlicher noch als in meiner eigenen Erfahrung begegnete er mir in einer jungen Inderin, die Steine auf ihrem Kopf trug. Ich sah sie als leidlich Genesener auf einem meiner Streifzüge durch Benares bei einer Baustelle. Dort beförderte sie die abseits hingeschütteten Ziegelsteine in die Reichweite der Maurer. Ihre Kopfbedeckung war unterhalb der Schädelform angepasst und bot oberhalb eine etwas größere Tragefläche. Mit dieser ging sie kerzengerade in die Hocke und legte sich zwei Steine flach nebeneinander auf, quer zu diesen schon etwas angestrengt zwei weitere. Damit musste es nach ihrem zierlichen Körperbau mehr als genug sein. Aber zweie noch dazu und – mir stockte der Atem – einen siebten und achten, mühsam das Gleichgewicht haltend, lud sie sich auf. Mit beiden Händen an diesem Stapel – ihr leises Zittern riss mir die Hand vor den Mund – kam sie nun sehr langsam und völlig senkrecht in die Höhe. Mit dem königlichen Gang der Kopfträgerinnen – ihr Gesicht war unverzerrt, aber eine dumpfe Ergebenheit lag doch darauf – schritt sie nun Fuß vor Fuß über den Schutt am Boden auf die wachsende Mauer zu. Wieder völlig gerade senkte sie ihre Last und legte sie wohlgeordnet einen Stein nach dem anderen ab. Ohne rechts und links zu sehen, kehrte sie mit gesenkten Augen an das nächste Wegstück – wer weiß es, ob ihrer Läuterung oder ihres Verkümmerns – zurück. So stand es ihr sicherlich ganze Tage bevor, um zu Abend kaum mehr als zwei Hände voll Reis oder Mehl für ihre Familie nach Hause zu tragen. Es verbot sich, ihr länger zuzusehen. Im Fortgehen drückte meine Beschämung wie eine andere Steinlast auf meinen Nacken und meine Schultern.

Jeder kennt es, dass ein Nachbild vom In-die-Sonne-Sehen mitgeht, wohin man die Augen richtet. So zog das Bild dieser Inderin mit, trug sie ihre Steine mit den Augen am Boden durch die Vergnügungsmeilen und Einkaufsstraßen meiner Rückkehr, die Fleischbänke unserer Supermärkte – sah ich sie von den Riesenrädern der Jubelflüge unserer zweiten und dritten Startbahnen an die Strandkörbe und fünfgesternten Hotels unter Palmen umtrubelt. Lebe einer noch so bescheiden in unseren Formen, er wird nicht den Skrupel mehr los, den er sich von solchen Begegnungen zuzieht. Der könnte sich legen, wenn unsere eigenen alten Knochen zu dem Stein geworden sind, den wir treppauf, treppab und zu Grabe schleppen.

Dieser steht aber für mehr noch, wie der ältesten Quelle – Homers Odyssee – zu entnehmen ist. Da lautet der berühmte Vers über ihn durchaus nicht:

Hurtig mit Donnergepolter entrollte der tückische Marmor

wie Turnvater Voss uns glauben macht, denn jedes Wort ist hier falsch. Vielmehr in wörtlicher Übersetzung:

Wiederum darauf zur Ebene wälzte sich der schamlose Stein.

Schamlos, fühllos, unbekümmert um den Menschen nimmt er, nimmt die Schwerkraft, das Naturgeschehen seinen Lauf. Er steht für den endlosen Kampf der Menschheit gegen die Elemente. Überall wo nach einem Vulkanausbruch, einem Erdbeben oder Tsunami, Taifun die überlebenden Obdachlosen ihre Hütten von Neuem aufbauen, ist es der ewige Stein des Sisyphos, den sie bergauf rollen. Er ist die Bedingtheit des menschlichen Daseins schlechthin, die man hinnehmen – mit der man es aufnehmen muss.

Unbestreitbar ist nun die Erleichterung, die von einem hohen, womöglich übermenschlichen Vorbild ausgeht, das unser Verhängnis auf sich nimmt und erträgt. Diesen Rang hat Sisyphos durchaus, der ein Abkömmling väterlicherseits von Prometheus und mütterlicherseits von Pandora, dem Geschöpf des Hephaistos und der Athene, ist. Mit ihm hat man einen Stärkeren vor Augen, der das Auferlegte mitträgt – wie der Gekreuzigte die Sünden der Menschheit auf sich genommen hat.

Erleichternd ist aber auch, dass wir unser Elend an dem seinen ermessen können, um es in aller Regel gelinder zu finden, jedenfalls begrenzt, weil von Pausen unterbrochen. Und in diesen gibt es Erlöser: wie den Orpheus, der in unsere Unterwelt herabsteigt und singt, dass selbst Sisyphos – wie Ovid es herrlich beschreibt – sich auf seinen Stein setzen darf und und zuhört.

Aber was hat die Inderin ausgestattet, ihr Schicksal so gesammelt und leidensfähig auf sich zu nehmen, die von keinem Sisyphos oder Jesus Christus wusste? Es ist das jahrtausendelang ihr vorgelebte und in ihr Erbgut eingegangene Wissen um *Karma*. Dass nämlich nichts, was man gelebt hat, verloren geht, sondern nachwirkt: sei es eine Belastung, die abzutragen ist, sei es ein Verdienst, das unserer Wiedergeburt zugute kommt. Dieses besteht zuvörderst in der Erfüllung seines *Dharmas:* Das ist das Gesetz seiner Kaste. Wer das schafft, dessen Stein rollt nicht zurück – er kommt mit jeder Geburt ein Stück weiter hinauf. Bis dieser Erdball, der furchbare Kreislauf der Geburten unter ihm zurückbleibt und er befreit zu dem einen göttlichen *Âtmâ* zurückkehrt, von dem er ausgegangen ist. Wer ihm die Mühen erleichtert, greift in sein *Karma* ein und verzögert seine Erlösung – ein Glaube, der unserer abendländischen *Humanitas* empörend widerspricht, der aber befähigt, die scheinbar unmenschlichen Verhältnisse dieser Gesellschaft aus einer glücksverachtenden Ergebenheit an das göttliche Weltgeschehen hinzunehmen.

Nach späteren Deutungen büßt auch Sisyphos seine Taten ab. In ihm war alle Klugheit seiner Ahnen zusammengeflossen, und er nutzte sie nach Kräften zu seinem Vorteil. Sein Meisterstück war, dass er den Tod fesselte, als der ihm nahte. Indem Zeus ihm seine Unterweltsstrafe auferlegte, stellte er die Weltordnung wieder her.

Irgendwie ließ sich das auch auf meinen Fall anwenden: Denn meine Krankheit erwies sich als chronische Vergiftung durch chemisches Zeug wie Holzschutzmittel, neue Farben und Lacke, deren Schädlichkeit damals noch nicht erwiesen war – also die Produkte der gleichen Verschlagenheit, mit der auch wir die Vergänglichkeit zu überlisten suchen. Ich war kein Urheber und Verbreiter, aber hatte sie in durchaus der gleichen Absicht genutzt. Also geschah mir recht, wenn ich die Sünden der Zeit zu büßen hatte.

Die marmorne Passion. Venezianisches Mosaik

Zum einen ist da der Morast, dieser schwärzliche, schmatzende, jeden Fuß in seine Tiefe saugende zähe Morast, am Nordrand der Lagune naturgetreu hinter dem Schilfsaum erhalten (wo ich ihn zum tieferen Wasser durchwaten wollte und nur mit äußerster Not, besudelt wie nach einem Moorbad, seinem ins Bodenlose nachgebenden Schlick entkam). Zum anderen steigt aus ihm als der Sohle des Flachmeers geradenwegs die geschlossene Front der immer noch marmorhellen Paläste. Sie und die Sümpfe machen die Spanne aus, die ich hier ins Auge zu fassen habe. Quer zu dieser erstreckt sich die andere, die von steinrauer Vergangenheit zur spring-lebendigen Gegenwart reicht. Immer weitere Speichen – von der lauernden Schwärze unter den Brückenbögen zum verdoppelten Licht auf den Kanälen und verglasten Fassaden, den verkrusteten Hafenpfählen zu den Maßwerken und Rosetten, von der Kargheit des Abgewandten zum sakralen Pomp und vom Motorengedröhn zum Wellengezischel – fächern den Vollkreis auf, der ein funkelndes Universum von überschaubaren Ausmaßen und doch unabsehlichen Facetten umgreift.

In mein inneres Panoptikum zieht eine Welt nie so füllig und gegensätzlich geahnter Bilder, unter denen ich nach und nach heimisch werde. Eine Welle von Formung und Umgestaltung ist mit den immerfort in die oder jene Richtung vorstoßenden Wassern am Werk und durchdringt alle Fasern und Gedankengänge.

*

Ich sehe etwas wie ein Korallenriff symbiontischer Sinnesorgane auf mich gerichtet, allem Umgebenden zugewandt. Mit einer Vielzahl von Ein- und Auslässen ist dieses Lebewesen einem fortgesetzten Stoffwechsel feinstmöglicher Wahrnehmungen aufgetan. Die meisten Gebäude sind durch großtorige Bootsgewölbe an die Wasserwege geschlossen, mit feingliedrig durchbrochenen Vorderseiten von Licht durchflutet; nicht selten wie die Kirchen durch Vorhallen und Bogengänge in die Plätze überleitend. So ist ihr Leben ein unausgesetztes Fühlungnehmen von Innen und Außen – meint ihr Handel, ihre Kunst, ihr beschwörender Kultus einen osmotischen Austausch, der sich die Erde anverwandelt.

*

Man war auf das Inselchen eingeschränkt – und stattete es zu einem Weltall *in nuce* aus. Der Kunstgriff war, es zum Edelstein zu verdichten und ihm den Brillantschliff zu geben, der alles Fernere in seine Prismen fing. Jeder Wechsel des Standortes und der Beleuchtung lässt eine andere Seite hervortreten, andere Brechungen aufscheinen. Mit jedem Durchgang, wo immer ich hinschaue, sehe ich einen Einblick sich auftun, eine Form sich entfalten.

*

Von Weitem: ein geschlossener Mauerwall und einheitlicher Komplex – je tiefer man eindringt: ein Irrgarten von Kleinwelten, Stadtinseln in der Stadt, Winkelkirchen und -klöstern, Basaren aus Kiosken und Bottegen, Verstecken und Unterschlüpfen. Wie die großfigurigen Mosaike ganzer Kuppeln und Apsiden sich bei näherem Hinsehen in ihre abertausend vielfarbigen unregelmäßigen Steinchen auflösen. Nirgendwo fühlt man sich in diesem Ameisenbau ausgeschlossen; überall findet sich ein Fluchtwinkel, ein Rastplatz, eine Einkehr – aber auch ein Hinterhalt, eine Verschanzung, ein Steilrand am Wasser. Unverkennbar nehmen die kahlen Rückseiten der Reihenpaläste, die der Fußgänger zu sehen bekommt, bei jeder Verschattung das Lauern von Sbirrengesichtern an – und man fühlt sich von dem alten Polizeistaat bespitzelt – –

*

So bleibt Venedig das nie ganz geheure Phantom, das sich immerfort entzieht, um sich von Neuem vorzugaukeln; das mit jeder Ansicht, die sich verschließt, eine andere auftut – in dessen Gassengewirr einem die Menschen und Gegenstände so rasch aus den Augen kommen und ebenso unverhofft wie im Kreis geführt wiederbegegnen.

Es ist die Stadt der Erscheinung: das stadtgewordene Maskenfest der

Augen, wo der schöne Schein des Lebens verführerisch vorherrscht, um desto mehr mit seinen Demaskierungen zu erschrecken.

Anstrengend und irritierend würde diese gesteigerte Sinnfälligkeit des ambivalenten Daseins, wenn nicht das Ausruhsame schlechthin – das Wasser – sie aller Enden durchflösse und ein Fluidum von scheinbarer Transparenz verbreitete.

Alle Schritte und Stimmen hallen weit hörbar heran und verhallen nicht minder verfolgbar. Wo wäre das Licht erfahrbarer als hier, wenn es als schwebender Feinstoff über den Inseln lagert und von allen flüssigen oder benetzten Flächen aufblitzt; wenn seine Reflexe die Häuserfronten und Zierrate überlaufen und die zahllosen oft kleinteiligen Fensterscheiben es in wieder anderer Brechung zurückwerfen; hinter denen die Vergoldungen und Kristallschliffe der Leuchter von seiner Umkreisung flimmern?

All das erscheint von den weichen und mannigfaltigen Tönungen der Verwitterung unterlaufen, von den Wasserspuren laviert; die so verführerisch mit dem Ruin der Bauwerke versöhnen, dass man bei jeder Erneuerung einer verlorengegangenen Patina nachtrauert und der Poesie des Morbiden verfällt – bis der Faulschlamm die Nase warnt. Heilsam ist dann ein derber Einbruch von Geschäftigkeit, die wie ein Rankengewächs das morsche Gemäuer überwuchert.

*

Sobald der Tau von den Pflastern verdampft, zieht auch die Stille sich in den Stein zurück, aus dem sie über Nacht getreten war – von den knörenden Lastkähnen beiseite gerempelt. Aber du brauchst nur vor einer Heiligennische oder Wandmalerei anzuhalten, und sie schlägt einen Schutzmantel auf und hüllt ihn als eine Glockenwand um deine Stelle. Mitten im plärrenden Fremdenbetrieb spürst du das Nachgesumm einer allmächtigen Ruhe und erfährst dich in die schweigende Sammlung einer Klosterzelle versetzt. Die siebzig gewesenen Inselklöster scheinen auf die Stadt verteilt in ausstrahlende Orte verwandelt. Ich übe mich ein, ungestört vom einen zum anderen überzutreten. Gelegentlich streift mein Rundgang die blaue Muttergottes auf dem goldkörnigen Grund, die seitdem meine Augen befähigt, in die schwärzeste Nacht einen sternebestickten Mantel hineinzusehen.

*

Leicht wie kaum sonst wo fällt hier der Übertritt aus frommen Vergangenheiten in den Freimarkt der Lebensgenüsse vom offenbar weiterwirkenden Geist der Seefahrer und Kaufleute, Strategen und Diplomaten. So eingelebt ziehe ich die lässigen Genießer des Augenblicks vor, zu denen sie ebensowohl fähig waren. Unter solchen blinzle ich von den Felsbrocken einer Uferbefestigung in das Aufschäumen und Zurückstrudeln der Wellenfolgen und lasse meine Augen um die je ferner so blauer verfließenden Inseln entführen, die irgendwo in dem safirenen Glasfluss ertrinken – dann wieder das Röterwerden der Sonne bis zum Ausufern und Verfärben ihrer Spiegelung in purpurgrünen und blaugoldenen Bahnen verfolgen.

*

Die Kostbarkeit solcher Stunden im Anblick des vergeblich bekämpften Verfalls in allen Erscheinungsformen der Verwitterung, der chemischen Zersetzung, des Vermoderns, Zermürbens, Ergrauens, Versinkens und Verbauens nimmt schwermütige Züge an. Mit grausamer Verfolgbarkeit wird ihre Flucht in Gestalt der pausenlos auf- oder ablaufenden Tiden, streichenden Licht- oder Schattenfälle auf allen Wänden vor Augen geführt. Man sieht sich von lauter Zeigern und Zifferblättern umgeben, die das unentwegte Rücken und Sichverfärben der Minuten den Blicken wohin man sieht unterbreiten. Aber hier ist man sonderbar ausgesöhnt mit dem gespenstisch sichtbaren Schwinden: Der Ferge, der die Seelen über den Strom setzt, ist kein grimmiger Alter, der mit dem Ruder zuschlägt; ein geschmeidiger Jüngling am Heck wendet und wriggt ohne Lärm und Geschäume seine Stange – und lautlos gleitet die Gondel mit uns dahin – –

*

Eingespannt zwischen Himmel und – Nichterde: Wasser!, in einem steinestarrenden Schluchtwerk behaust, ohne die Fühlung zum Fließenden zu verlieren, steigen die feinsten Verzweigungen wurzelnah aus den Grundwassern auch unserer Herkunft.

Anheimelnd von der Haustür an sind mir die Gänge an ihren *fondamenti* als der mitlaufenden Schwelle der Unterwelt geworden, die unter den Brückengewölben das acherontische Flackern einer Hadessphäre hervorkehrt und auf der Sonnenseite der quicklebendige Ursprung des Lebens ist. In sie zurückzukehren dürfte hier leichter als andernorts fallen; wie wohl eine Ahnung dessen die namhaften Toten von San Michele hierher wie die Gläubigen Inder zum Ganges gezogen hat, um mit den Füßen in seiner Strömung zu sterben – –

*

Ein Exerzitium des Wahrnehmens auf allen Ebenen wird mein Umgang mit dieser Stadt, als unterläge das Labyrinth von Chartres in Groß den Straßen und wollte als Stufenweg einer Meditation begangen sein – womöglich im Ablauf ihres vollzähligen Kalenders.

Unausweichlich stieße ein solcher Nachgang auf die verteilten Stationen seiner Karzeit: etwa beim Anblick der Ratten, die zwischen den Schwellen und angefaulten Wassertoren aus- und einlaufen, in den Kanälen dem treibenden Unrat nachschwimmen, auf Mauersockeln und Bootsrändern ihre Wege zu den Abfallsäcken suchen, sie durchnagen und auseinanderscharren. Andernorts sind es die steigenden Ränder der ausgesinterten Kalke und Meeressalze, die unübersehbar alle Unterbauten zermürben. Vollends apokalyptisch alsdann die Kanaldeckel, wenn das Hochwasser sie hebt und den untersten Kot aus den Kloaken schwemmt.

Nach einem solchen Passionsweg, vor dem man zwar seine Augen, nicht die Nase und Lungen verschließen kann, brauchte man eine Reihe von Tagen in reinerer Luft, um den Schlammgeruch und die fauligen Dünste auszuschnaufen, von denen die Leibestiefen nach und nach getränkt sind.

*

In San Marco – in diesem Piratentempel und Schatzhaus der abgesegneten Raubzüge, wo Jahrhunderte von Gebeten, Gelübden und Opferfeiern im Bund mit der ohnehin imperial-sakralen Architektur und Ausstattung das ganze Raff- oder Segensgut zu einer mystischen Brutstatt von heidnischer Gebärmutterwärme verschmolzen haben; als sei hier das mythische Wunschziel der Weltgeschichte, die Versöhnung aller miteinander zerfallenen Reiche in einem Beispiel verwirklicht – an diesem Ort habe ich die Osternacht als eine Mysterienfeier des Lichts erlebt.

Alle Lampen, selbst die Ampel am Tabernakel, waren gelöscht. Die Finsternis lastete mit erdrückenden Massen aus Schwärze und drohenden Steinlasten auf dem Gestühl, auf den Schultern. Jeder Atemzug war erschwert, als müsse er dem ungeheuren Druck der hangenden Nacht und der lautlos sich über ihn senkenden Gewölbe entgegenwirken.

Da zog das erste sterbenswinzige Fünkchen ein – und aus den hintersten Winkeltiefen von allen Seiten blinkte es auf, gab es Antwort und flimmerte in unendlicher Feinheit zurück. Ein nach und nach dichterer Sonnenstaub schien den Weltraum zu beleben. Die totenhafte Schwere wich: Der Stein war gehoben – der Raum lichtete sich in aufsteigenden Säulen und sich weitenden Kuppeln. Der *logos spermatikos* war erleuchtend und schaffend am Werk und pflanzte sich fort. Aus seiner Funkensaat trat ein Goldgrund von Mosaiken zusammen und füllte sich mit Gestalten. Denn rasch – viel zu rasch – gab das Flämmchen sich weiter von Kerze zu Kerze durch alle Reihen und nahm seinen Weg zum Altar. Chöre von Lichtern warfen einander sich verstärkende Widerscheine zu und flossen mit den aufbrausenden Orgelregistern und Responsorien zu einem einzigen strömenden Hymnus zusammen, der die eben noch starrenden Mauermassen und Pfeiler, an deren einem ich lehnte, in einen vibrierenden Säulengesang versetzte. Alle Atome des Raumes, der Dinge und meines Leibes bewegten sich in einer gemeinsamen Schwingung, von der nicht zu sagen war, ob sie aus tönendem Atem oder aus auferstandenem Licht bestand – –

*

Ein Tastsinn wie die Tentakeln von Meerestieren zum Erfassen ihrer Umgebung scheint mir durch die Anforderungen der Architekturen, die ich betrete, nach und nach zu erwachsen und mir diese verschwiegenste aller Künste durch mein Befinden in ihr zu erschließen.

Wenn ich die Kirchen der Frührenaissance von Codussi besuche, nimmt er zunächst das Wohltuende goldener Schnitte und geometrischer Ordnungen wahr. Schon die Portale und Durchgänge mit ihren abgezirkelten Archivolten und Architraven erheben den Eintretenden zum Maß aller Dinge, die ihn hier umgeben; denn sie sind seiner Norm entnommen. Umso höher die Anforderung, wenn sie ihn mit einem Triumphbogen überwölben oder in eine Nische fassen, der er gefälligst entsprechen möge. Jeder Schritt, jede Wendung seines Körpers greift in die Winkel und Zirkelschläge ein, die bereit sind, die Maßverhältnisse einer Platonischen Sphäre auf ihn zu übertragen. Im Durchgang der Joche und Säulenreihen wird er in ihre Rhythmen eingeschwungen, die nur eine andre Erscheinungsform der Musik ihrer Zeit sind, wenn sie auf silbrigen Orgeln und Instrumenten erklingt.

Im Dogenpalast sehe ich einen steinernen *Bucintoro*: das massige Staatsschiff hier von Säulen getragen, auf dem Meer von einer vergleichbaren Ruderparade voranbewegt. Beide ein Abbild der Gesellschaft von Tragenden, die ein Gehäuse kostbarer Inhalte, eben die *Serenissima,* durch die Zeit befördern; zugleich zum schwebenden Feiersaal wie zum Versammlungsort der regierenden Weisheit bestimmt – hier von den Zinnen bewehrt, dort von Wimpeln und Zierborten wie wachsamen Fühlerorganen bekrönt. Vollends der Anblick seiner versinkenden Kolonnaden in dem steigenden Bodensatz macht ihn zum Pegel der gefährdeten Stadt.

*

Fast bei jedem Wetter fällt eine mächtige Helligkeit durch die Fensterfront des Palazzo Barbarigo in ganzer Breite seines Festsaals, der vom Kanal bis zur Rückwand des Gebäudes reicht. Die blendende Lichtmasse aus feuchter Luft über den Dächern und reflektierenden Wasserbahnen macht die butzenartigen Scheiben zu selbstleuchtenden Gebilden, die für sich allein schon zu venezianischen Leuchtern werden. Vollends die zwei kunstvoll geblasenen an den Decken greifen das Lichtspiel auf und brechen es weiter als festliche auch am Tage beherrschende Lichtquellen, die alle Schatten entschärfen und noch die hintersten Winkel mit diffuser Beleuchtung füllen.

*

Wie die Paläste dem Meer vertraut Venedig seine feinsten Hervorbringungen dem zerbrechlichsten Stoff an. Nie wurde mir so atemanhaltend ängstlich, so vorsorglich erschrocken zumute wie beim Heben und Drehen eines Wunderdings von blauer Schale in meinen Händen. Aber nichts flößt auch den Fingern eine solche Behutsamkeit ein wie dieses sich Preisgeben einer feinstmöglichen Form, die nur um die Hinnahme der äußersten Verletzlichkeit hervorgehen konnte. Nichts fordert die Fingerspitzen zur feinfühligsten Wachsamkeit heraus wie eine solche schutzflehende Zartheit der Wandung, der man ihr geisterhaftes Wachsen und Schwellen vorm Mund des Bläsers ansieht.

Was für ein Vertrauen des Künstlers in den Sinn und die Achtsamkeit des Empfängers und Aufbewahrers! Oder ist es überlegener Mut zur Vergänglichkeit aus verschwenderischer Laune und Unerschöpflichkeit, die ihre Seifenblasen hervorzaubert, unbekümmert um ihr Verpuffen? Am Ende ein Bekenntnis zum Augenblick, der das vollkommenste, nicht das haltbarste Gebilde verfolgt – dem das einmal Errungene gleichbedeutend mit dem dauerhaft Gültigen ist.

*

Dünn ist die Haut der Vergangenheit über den Toten Venedigs – bisweilen zerreißt sie: Sooft ein Chor, ein Orchester ein Sediment seiner Notengebirge aufschlägt, scheint ein Gewoge aus Wohlklang und Leidenschaften die Grabplatten der Kirchenwände und Böden zu lockern. Für einen klangvollen Auftritt zieht ein Festzug stolzer und vornehm bescheidener Schemen über die imaginäre Bühne.

Aber aus allen Winden, jeder Dach- oder Kellerluke, mit jedem Ruderschlag, jedem rumpelnden Karren über die Brückensteige konnten sie auferstehen und mehr noch als die konzertanten Wiederbelebungen der leibhaften Gegenwart ihre beschwingten Umrisse anlegen. Hier und da geschieht es auch noch: Wo eine Marktfrau an ihrem Stand, ein Pizzabäcker, der seine Fladen knetet, oder Fischer beim Ordnen der Netze kümmerlich erinnerte Reste trällern – am ehesten, wo ich selber sie in Venedigs mühsam ergatterten *»Canti popolari«* nachlese: lachen und spotten, schwärmen und grollen höre. Was habe ich von Venedigs Leben gewusst ohne sie! Nur die einfachsten Strophen konnte ich aus ihrer sperrigen Mundart enträtseln – und mit jeder wuchs die Lust, sie in meinem muttersprachlichen Reisegepäck außer Lande zu schmuggeln:

Schön ist das Meer und schön ist sein Busen,
so schön sind die Mädchen der Matrosen;
schön sind im Rosenkranz die Rosen,
schön wie die Mädchen der Matrosen – –

Oder:

Wie schön ist das Singen zur Morgenstunde:
klar ist die Stimme, nicht zittert die Zunge!
Wie schön ist das Singen zur Abendstunde:
die Stimme ist klar und die Zunge im Schwunge!

Man hätte sie nicht erfasst, wenn die Zunge nicht weiterträllerte in ihrem Sinne:

Wie schön sind die Mädchen zur Morgenstunde:
wie das Morgenrot blühn ihre Wangen ihr Mund,
ihre Brüste sind voll und rund!
Wie schön sind die Mädchen zur Abendstunde:
ihre Lippen sind rot wie der Sonnenball,
ihre Brüste ebenso rund und prall!

In nostalgischen Editionen, wie das Vogelgezwitscher in den Käfigen über den Gassen, oder in den geschönten Veranstaltungen für die Besucher, fristet das nun sein Dasein: der singende Alltag, der die Mühen verkürzte – womöglich vergessen half.

Mehr noch steht aus den Bücherregalen auf: was in höheren

Etagen über die Feierabende auf den *Piazze* hinweg aus den Federn dichtender Dogen und Staatsbeamter floss und sublime Oberstimmen über das Schwelgen der Mandolinen und die immer verliebten Kehlen legte.

*

Die Prunkseiten der *Palazzi* sind nach den Wasserstraßen gerichtet und postulieren da Festlichkeit, um berechtigt zu sein – letzten Endes das große Fest. Das war die Ausfahrt des *Bucintoro,* Staatsakt zugleich und mythologische Oper: Von zweitausend Barken und Gondeln begleitet, vermählte sie unter Glockengeläuten, Musik, Gesängen und Kanonaden den Dogen dem Meer.

Es gibt einen Tag im Jahr, an welchem das Gepränge auflebt: Der Werktagsbetrieb des *Canal grande,* der unserem asphaltierten an stinkender und randalierender Banalität nicht nachsteht, wird zu einem Festzug in ganzer Länge. Das ist die *Voga longa* – die jährliche Ruderregatta der Venezianer, die kein jagendes Wettrennen um Rekorde ist: nichts als die festliche Umfahrt der Einwohnerschaft zu Wasser um keinen Preis als dabeizusein, jeder auf seine Weise. Es gibt wohl die schneidigen alles überholenden Renner, aber sie beherrschen das Bild nicht. Eher die spritzenden *Ragazzi* neben den buntgemachten Kähnen von Mädchen mit bewimpelten Leinen oder *»voll mit alten Weibsen«*. Unter ihnen kann man Philemon und Baucis im Backtrog entdecken und – man traut seinen Augen nicht: den *»Fischer und sine Fru«* in ihrem Pisspott!, unbekümmert unter den Granden von heute in vornehm staffierten Gondeln.

Für einen Tag atmen die motorengepeitschten verschmutzten Fahrrinnen auf – man erneuert das alte Verlöbnis der Stadt: Mit emsigen Webeschiffchen ist sie am Werk, den Schleier der launischen Braut aus den Silberfäden triefender Ruder zu weben. Das beschönigte Ungeheuer hofft man besänftigt, versöhnt – –

*

Gegenwart und Vergangenheit sind hier zuweilen vertauscht: Nicht das Abgelebte ist dann das Unwirkliche – das Heutige regt sich sonderbar schattenhaft in den früheren Gleisen, durch die erhaltnen Jahrhunderte in ihren Bauten. In den seltenen Geisterstunden, wo die Steine mit sich allein sind und nichts als sich selbst bedeuten, fällt es mir leicht, Nachklänge aus ihrer Stille hervor- oder in sie hineinzuschweigen.

Ich sehe Venedig, das aus allen Häusern, Kirchen und Gondeln, auf allen Plätzen Gassen und Kaien[8] geklungen hat, auf seine Musik an; die zu jedem Quader, der gemeißelt und gesetzt wurde, zu hören war – ihn also durchdrungen, sich seinen Molekeln mitgeteilt hat. Wo sie ahnbar wird, nimmt sie unterschiedliche Tonarten an: wehmütige angesichts des unausgesetzten Erlöschens, vor dem sie in sandigen Tagesgeräuschen verschwimmt. Für meine Ohren sich abhebt: Ich höre sie dann wie einsgeworden mit dem immerfort über den Kuppeln und *campanili* lagernden, alle Narben verschleiernden Lichtdunst, der sie als eine schwingende Glocke umgibt. Sooft das Rumoren, das auch da oben sein Unwesen treibt, es zulässt, unterscheidet mein Gehör einen unbeirrten feinen und selbstgewissen Triumph über das hier in einem Winkel der wüstesten Weltgeschichte Gelungene, ihr Abgelistete – klug und heiter, entschieden und geschmeidig wie die Gesichter der Dogen aus den Rahmen und Steinen schauen.

Eine Verfeinerung seiner Sinne trägt man aus allen Begegnungen mit ihrem Gestern davon, um hellhöriger aufzuhorchen, wo ihr Heute sein Vorrecht beansprucht: als träten hier neue Vibrationen aus der Welt der Antennen, Monitore und Radarschirme wie einschwingend in das Magnetfeld der Stadt mit ihrem Grundton zu nie gehörten Klangfarben und Akkorden zusammen. Man möchte es wohl erleben, ob da eine Kontrapunktik bislang unversöhnlicher Stimmen hervorgeht – oder die ewige Psychopathie der *serenità* und der Barbarei, der *humanitas* mit dem Piratentum jeglicher Art, des Musischen gegen Profit und Kalkül wie durch alle Jahrhunderte hin- und herüberschwankt.

---

8 Nach Duden: Kais; damit geht freilich der Gleichklang der Endungen »Gassen und Kaien« verloren [Anm. d. Herausgeberin].

Leichter reist es sich ab, wenn man dem glorreichen Schlusssatz aus Synthesen und Resonanzen eine Chance gibt – besser noch: ihn vorausfantasiert. Denn jedes Postulat ist ein Saatgut, deutet auf die genetische Anlage zu einer Zukunft – sei es ein Unkraut oder ein neues Gewächs, das uns für unser Artensterben entschädigt.

Osterbescherung am Lago Maggiore

Eine Phantasmagorie

Der Raum überm See ist von einem bläulich-milchigen Dunst angefüllt, der die Ortschaften beinahe verschwinden lässt – den die hier und da gekräuselte Wasserfläche durchsilbert. Schläfrige Amselrufe und gedämpfte Möwenschreie von den Bootshäfen herauf sind die einzigen hörbaren Laute. Die tropischen Wipfel und blühenden Büsche der Gärten, Azaleen vor allen um diese Zeit, aus denen die Dächer kaum herausschauen, bilden ein ausgeruhtes, friedfertig eingelebtes Miteinander. Ein sich selber Genügen der Dinge schwebt als der Geist dieser Stunde über dem Wasser. Aber auch eine Erwartung meint man zu spüren; mythische Anwandelungen stellen sich ein. Ich versuche mir auszumalen, was für ein Götterwesen in griechischen Augen hier zu Hause wäre. Ob es eine Nymphe wäre? Ein junger apollinischer Seegott? Wäre es vorstellbar, dass sie aus dieser halben Verschleierung Gestalt annähmen? Gespensterglaube – diese Stunde selbst in ihrer geisterhaften Erscheinung hätte sie ausgewiesen, ihre Anwesenheit bezeugt. Die Erwartung, die ich verspüre, wird zur Anforderung an mich selber. Ein Grieche hätte ihr vielleicht mit den Worten entsprochen: »Still doch, die Nymphe ist da – verneigt euch, sie schwebt vorüber!«

Dieses Erwartete – auch von mir selber mit allen Sinnen – was wäre das heute? Es würde den Augenblick bekrönen, zu dem deutungslos in ihm Angelegten eine Brücke schlagen. Ein Adler etwa könnte – wie ich es im Engadin erlebt habe – ohne Flügelschlag vom Gebirge herüberschwenken und seine Kreise ziehen. Aber es gibt ihn hier nicht mehr ... Da biegt ein weißes Segel in mein Gesichtsfeld – das ist es! Als würde die Welt vollständig, um das Unsre ergänzt, das da ohne Misston und Verdrängung von irgendetwas aus ihr hervorgeht. Unendlich wohl tut es den Augen, sein fügsames Hin- und Herüberkreuzen zu begleiten, das der nun erst bemerkten Strömung der Luft und des Wassers sein Mitspiel abgewinnt und es genießt. Als sei es mein Lesezeichen, so treten die Bilder, die um seine Stelle aufziehen, in den einhelligen Zusammenhang vor meinen Augen, der sich in mir als seinem Sinnesorgan erfährt und feiert.

Nicht lange: Schießt eine Schmeißfliege, eine Hornisse in mein Gehör und rast da herum? Ein Alarm reißt sämtliche Wachheit an sich und fährt in die Muskeln – beißt mir die Zähne zusammen. Ohnmächtig, ratlos und ausgeliefert erliegt er: Ein Rennprotz, hart unter meinem Ausguck, gibt seinem rassigen *motoscafo* Gas und prescht mit dem Potenzgebaren seines aufgerichteten Kiels auf die Isole di Brissago zu. Binnen Kurzem zerkurvt und zerknurrt er die ganze von mir heiliggesprochene Szenerie. Alsbald leistet das veraltete Fährboot, das an belebten Tagen pausenlos mit musealer Lautstärke hin- und herüberknört, ihm sonore Gesellschaft. Von allen Seiten fallen weitere, nicht minder rennwütige Flitzer ein. Linienschiffe in vermehrter Anzahl liefern die untersten Bässe. Nicht genug: Auch die Luftkapitäne haben inzwischen gefrühstückt und steigen in Minutenabständen von Magadino auf. Sie legen in Längs- und Kreiselflügen eine weitere, alles noch überdröhnende Schallschicht über das untere Randalieren. Gelegentliche Soli von Hubschraubern auf Taxi- und Panoramaflügen steigern das Kurkonzert zum Fortissimo. Wo ein Wunder von einem See lag, gibt es nur noch ein Wasser- und Luftsportareal für hochmögend Privilegierte.

Die pausenlos bohrenden Vibrationen gehn an den Lebensnerv. Ein Schweißausbruch aus Wut und Verzweiflung bereitet sich vor. Ob das Fieber sich meiner Augen bemächtigt oder die Nymphe mich hellsichtig gemacht hat, wie man es ihr nachsagt: Ich sehe an Drachenschnüren vom Heck all dieser koboldigen Ungetüme grellbunt bemalte Masken aufsteigen. Sie hüpfen und torkeln in meiner Augenhöhe. Die Luftschiffer lassen an Schleppseilen weitere baumeln. In einem johlenden Narrentreiben fletschen und grimassieren mich Ensorsche Fratzen – eine höhnischer als die andere – an. Zu einem *Traraa* von Blasmusiken, aber auch Beat- oder Technorhythmen schwengeln und schunkeln sie umeinander. *»Wo keine Götter sind, hausen Dämonen.«*

Wenn man nachzählen wollte, sind es gar nicht viele. Außer in den Kursschiffen, die man in maßvoller Anzahl hinnähme, sind die vorlautesten Störenfriede je ein einzelner Mensch; aber mit Pferde- und

Lautstärken ausgestattet wie kein ägyptischer Pharao. Und diese barbarische Minderheit tyrannisiert Tausende andere! Denn das Zeitalter der unantastbaren Rechte aller auf menschenwürdige Lebensumstände – mithin doch wohl auch auf Stille – ist eben erst angebrochen, und sie haben's noch nicht gehört.

Ich frage mich, was die Motorengeräusche so verstörend macht. Zu allererst ist es ihr Drohendes: das gedrosselte Rumoren in Dienst genommener zerstörerischer Energien – Explosionen! –, das sich durch nichts beschönigen lässt. Wer das Rollen der Bombengeschwader erlebt hat, erkennt sie in diesem Spiel mit dem Feuer wieder, und sein Innerstes krampft sich zusammen. Sobald dieses unterdrückte Grollen laut wird, verstummt eine innere Stimme, wird ein Lauschen nach innen vereitelt. Eine Quelle in uns verschließt sich, die nicht nur unser intimstes Antworten auf unsre Umgebung ist, auch unser Schöpferisches schlechthin, das sich in Worten und Klängen, in Gedanken und Bildern äußern kann. Wir werden aus dem Vollbesitz unser selbst verdrängt – unterliegen einer gewaltsamen fremden Besetzung. Nicht minder schroff fährt es den Äußerungen des uns umgreifenden Lebens in seiner vielsprachigen Mitteilsamkeit über den Mund. Das Miteinander der Dinge und Wesen – vollends unser Einstimmen in sie – wird unterbunden. Sie sinken sprachlos und verschlossen in sich selbst zurück.

Mehr noch und schlimmer noch: Mit unserm Gehörsinn wird unser Gewissen betäubt, das ein Vernehmen der feinsten Regungen unserer Tiefe ist. Schon immer hat ein Schlachtengebrüll das Metzeln und Morden erleichtert, hat der Kanonen- und Bombendonner gegen die Massenvernichtung von menschlichem Leben abgestumpft. Wo uns Hören und Sehen von infernalischen Motorsägen vergeht, ist das Zerschmettern einer Lebenswelt nichts als ein mit Geräusch verbundener Materialabbau. Lärm und skrupellose Umweltzerstörung gehen Hand in Hand.

Was da zerstört wird, erfährt man eindringlichst, wenn einmal das Getöse aussetzt: Ungläubig horcht man auf, der ganze Raum hält die Luft an und wagt einen befreiten Atemzug. Was für ein Druck fällt ab! Wie reinstes Quellwasser schlürft man die Stille. Verschnürte

Regungen holen aus, um sich zu befreien: Das Flüstern der Zweige, Rascheln einer Eidechse oder Geplauder von einer Nachbarterrasse wird wieder hörbar. Umso empfindlicher verwundet der von Neuem einsetzende Irrsinn. Mit unserer physischen Lebenssphäre wird auch die Atemluft unserer Seele – denn das ist die Stille – verseucht. Ein Verlust, der uns zum mentalen Vegetieren verurteilt.

Ansässige, die ich befrage, zucken die Achseln: »Die Wirtschaft!« So ist es: Der Betrieb bringt Geld, schafft Wohlstand! Aber Wohlstand wozu – für wann? Nicht um irgendwann, in einer Freizeit, an einem Ruhetag – letzten Endes in einem Ruhestand – ihn aufatmend zu genießen? Sie nicken. Aber Ruhetag, Ruhestand ohne Ruhe, ohne Besinnung? In einer Natur wie in einem Maschinensaal – unter einem Himmel, der wie von einem Luftkampf dröhnt? Ist das nicht der barbarische Ruin einer in Jahrhunderten gereiften Kultur des Hörens, der *»ein Lied in allen Dingen«* schlief, das sie zum Klingen erweckte? Und wem opfern wir das? Nicht einem epidemischen Wahnsinn, der – vollends an unseren Werktagen – in sich selber rotiert? Sie zucken die Achseln.

Die Programmierer des großen Geschäfts kalkulieren es ein: Nicht mit Wiederherstellung des Zerstörten, also Einschränkungen – warten sie auf, immer nur mit weiterem Trubel. Die geräuschvolle Kehrseite weiß ihre Werbung mit Engelszungen zu übertönen – also nennt sie die Gegend: *»Eine Oase des Friedens und der Ruhe!«* Und nachweisbar ist sie ja wirklich, wenn auch nur noch in der *»flaumenleichten Zeit der ersten Frühe«*, allenfalls für ein paar Abendstunden, wo den Raum überm See ein lilageröteter Dunst füllt, der die Ortschaften nach und nach in sich verschwimmen lässt. Unversehens treten die Perlenschnüre und Diademe ihrer Beleuchtung von laternenwarm bis neonblau hervor, die dem kosmischen Wirrwarr über uns die funkelnde Geometrie ihres geordneten Lebens entgegenhalten. Nur das ausufernde Lampengewühl Locarnos sollte man ausblenden, das sich anschickt, ihre Feinheit in einen einzigen formlosen Fieberbrand zu verwischen – –

»Und die Sonne verhüllte ihr Antlitz ...«

München, 11. August 1999

Das Ereignis war angekündigt. Die ersten Anzeichen ließen meine Umgebung auffällig unberührt. Da es wechselnde Wolken gab, fiel das Abnehmen der Helligkeit nicht weiter auf. Nach und nach stellte sich hier und da interessierte Wachsamkeit ein; man unterbrach seine Geschäfte und sah hinauf, wenn das Schauspiel durch Lücken sichtbar wurde. Partiell hatte man's auch schon gesehen, was da geschah: wie sich ein mythologischer Rachen an den Sonnenball machte – und man gab sich keine sonderliche Mühe, ein atavistisches Grauen nachzuerleben. Mich wunderte, ein wie winziger Teil der vollen Scheibe genügte, uns reichliches Licht zu geben. Etwas wie Beschämung stellte sich ein, dass man sich ein Leben lang nicht der Fülle bewusst war, die uns tagtäglich umflutet.

In einem der Nachbargärten wurde aus gebotenem Anlass eine Party veranstaltet: Man lachte, witzelte, Frauen schäkerten zum Klappern der Teller und Bestecke. Etwas weiter entfernt spielten sie prähistorische Dämonenvertreibung mit Trommeln und Tamtam. Ich hatte nicht deshalb den Trubel der Innenstadt gemieden, um das vor meinem Balkon zu haben; doch man war es gewohnt, sich in derlei zu schicken.

Da, ziemlich rasch, erlosch der heitere Anflug, den die Szenerie mit den Menschen an offenen Fenstern, auf Terrassen und Dächern von der Mittagshöhe und den immer noch sommerlich blauen Durchblicken hatte. Eine Verschattung, Beklommenheit sank auf den gesamten Umkreis, die sich zu einer lähmenden Trauer, ja Trostlosigkeit verdüsterte. Die aber zugleich ein Erwachen, ein erschrockenes Innewerden von nichts als dem Ende, dem unausweichlichen Ausgehen aller Lichter, Gewissheiten und vertrauten Dinge war. Wir wussten auch das aus unseren Schulstunden und Büchern, dass die kostbare blaue Stunde unseres Planeten, auf dem es so selige Sommer und Inseln gab, auf das Ganze gesehen sehr befristet war. Aber dies Ende lag in so unvorstellbarer Ferne, dass eine ungetrübte Ewigkeit uns sicher zu sein schien. Nun stand es, nein geschah es in so erschreckender Nähe und Sichtbarkeit vor unsren Augen: Nicht nur die Tageszeit, auch die unermesslichsten Zeiträume schienen aufgehoben. Und das alberne Treiben umher nahm sich fratzenhaft und gemein aus; die Gelächter klangen gezwungen, fanden kein Echo mehr – verstummten. Eine der Krähen, die morgens über mich hinweg nach Westen, abends nach Osten zu ihren Schlafräumen ziehen, irrte ziellos in südlicher Richtung über die Dächer. Motten und Nachtfalter flogen aus den Gebüschen auf, stießen in alle Richtungen vor, als sei ihre Stunde gekommen.

Dann – als schlüge ein schwarzer Blitz ein – so verhuschend rasch wie der letzte Atemzug eines Sterbenden floh etwas wie Seele, sank es wie Lebensgeister aus allem, was mich umgab. Wer hätte das gedacht, dass Häuser, Mauern, der Kiesgrund, die parkenden Fahrzeuge Lebensgeister besaßen, die ihnen entsinken konnten! Etwas, durch das man lebte, eine Lebensader, an die man geschlossen war, erschlaffte – drohte vollends zu versiegen. Zugleich krochen schmutzige Nachtwolken in das verbliebene Unterweltleuchten über unserem Viertel. Die Welt ergraute, vergreiste in Sekundenschnelle. Ein unwirsches Frösteln in Gestalt grauregnender Strähnen fiel ein.

Es war keine Oper, keine Deutung, die man selber dem Schauspiel unterlegte: Es war das unabweisbare, uns auf die hinterste Schädelwand geworfene Menetekel, dass die Sonne sich vor einem furchtbarsten Anblick verhüllte. Wir kannten ihn, alle waren wir mitschuldig: Es war das Golgatha der gemarterten geräderten geschändeten Erde, das als eine namenlose niederbeugende Anklage vor unsere Augen trat. So standen wir ein paar schmerzhafte Atemzüge lang im Angesicht eines unausweichlichen Gerichts, das sich vor uns enthüllte.

In diese lähmende Einsicht, die jeden Ausblick verdüsterte – es war nicht das ebenso huschend und geisterhaft wiederkehrende Licht – es war der Jubel, der meine Benommenheit zerriss: Meine Mitbeschämten, Verstummten jubelten auf – glaubhaft, befreit, möglicherweise dankbar! Freispruch, Neubeginn – jedenfalls die Vollstreckung des Urteils, die Finsternis, auf Bewährung ausgesetzt!

Eine winzige Sichel – schon heller als jede Straßenbeleuchtung – genügte, um den Tag wiederherzustellen, das Leben spürbar erfrischt in Gang zu setzen. Das Gewölk zog ab, die benetzten Häuserwände und Gärten blinkten in zartester Morgenbeleuchtung. Die rasch zunehmende Lichtstärke hielt die Späher nicht länger auf ihren Posten. Kaum einer sah hin, wie zögernd die Verdüsterung das Tagesgestirn wieder freigab.

»Das Brevier«

[Einen Einblick in Wilhelm Deinerts innige Beziehung zum dichterischen Wort und seinen weitgespannten Bildungshorizont gewährt die von ihm schon als Schüler begonnene und lebenslang ergänzte handschriftliche Sammlung poetischer Texte, die ihm besonders am Herzen lagen.

In schönster Handschrift übertrug Deinert diese Texte auf Seiten edlen Papiers, legte sie in das mit rotem Ledereinband versehene Büchlein ein und lernte sie auswendig. Wenn er es Brevier nannte, so drückte er damit trotz des Anflugs von Ironie sein existenzielles, ja man darf wohl sagen spirituelles Verhältnis zu großer Dichtung aus. Noch in seinen letzten Lebenstagen äußerte er sich in diesem Sinn.

Eindrucksvoll ist die Reihe der Sprachen, die neben dem (Alt-, Mittel- und Neuhoch-)Deutschen in dem Brevier vertreten sind und die er sich angeeignet hat: Sanskrit, Altgriechisch, Latein, Italienisch, Französisch, Spanisch, Portugiesisch und Englisch, mit Texten von Homer, Pindar Sappho, Sophokles, Platon, Shakespeare, Angelus Silesius, Mallarmé, Goethe, Hölderlin, um nur einige zu nennen. Die folgenden Seiten enthalten eine kleine Auswahl.]

Wie lieblich ists wenn sich d tag verkühlet
Hinauszusehn wo schiff u gondel schweben
Wenn die lagune ruhig spiegeleben
In sich verfliesst·Venedig sanft umspület!

Ins innre wieder dann gezogen fühlet
Das auge sich wo nach den wolken streben
Palast u kirche· wo ein lautes leben
Auf allen stufen des Rialto wühlet.

Ein frohes völkchen lieber müssiggänger
Es schwärmt umher· es lässt durch nichts sich stören
U stört auch niemals einen grillenfänger.

Des abends sammelt sichs zu ganz. chören
Denn auf dem markusplatze wills den sänger
U den erzähler auf der Riva hören.

In tausend formen magst du d. verstecken
Doch allerliebste gleich erkenn ich dich·
Du magst mit zauberschleiern d. bedecken
Allgegenwärtge gleich erkenn ich dich.

An der zypresse reinstem jungem streben
Allschöngewachsne gleich erkenn ich dich

August von Platen: Sonett 28

In des kanales reinem wellenleben
Allschmeichelhafte wol erkenn ich dich.

Weñ steigend sich d. wasserstral entfaltet
Allspielende wie froh erkenn ich dich·
Wenn wolke sich gestaltend umgestaltet
Allmannigfaltge dort erkenn ich dich.

An d. geblümten schleiers wiesenteppich
Allbuntbesternte schon erkenn ich dich·
U. greift umher ein tausendarmger eppich
O allumklammernde da kenn ich dich.

Wenn am gebirg d. morgen sich entzündet
Gleich allerheiternde begrüss ich dich·
Dann über mir d. himmel rein sich ründet·
Allherzerweiternde dann atm ich dich.

Was ich m. ausserm sinn m. innerm kenne
Du allbelehrende kenn ich durch dich·
U. wenn ich Allahs namenhundert nenne
Mit jedem klingt ein name nach f. dich.

ΠΟΙΚΙΛΟΘΡΟΝ ΑΘΑΝΑΤ ΑΦΡΟΔΙΤΑ
Παῖ Δίοϲ δολόπλοκε· λίϲϲομαί ϲε
Μη μ' ἄϲαιϲι μηδ' ὀνίαιϲι δαμνα
Πότνια θῦμον

oben: Goethe: West-östlicher Diwan, Buch Suleika
unten: Sappho: »Aphrodite, ewig, auf goldenem Throne ...«

Swâ si kumber oder prîs bejagent
Vür[1] ir sünde si daz tragent.
Dâ wont ein werlîchiu schar.
Ich wil iu künden umbe ir nar.
Si lebent von einem steine:
Des geslähte ist vil reine.
Hât ir des niht erkennet
Der wirt iu hie genennet.
Er heizet lapsit exillîs.
Von des steines craft der fênîs
Verbrinnet · daz er ze aschen wirt:
Diu asche im aber leben birt.
Sus rêrt der fênîs mûze sîn
Unt gît dar nâch vil liehten schîn
Daz er schœne wirt als ê.
Ouch wart nie menschen sô wê.
Swelches tages ez den stein gesiht
Die wochen mac ez sterben niht
Diu aller schierest dar nâch gestêt.
Sîn varwe im nimmer ouch zergêt ...‹

467,13-

Dô sprach aber Parzivâl
›Mac ritterschaft des lîbes prîs
Und doch der sêle pardîs
Bejagen mit schilt u. ouch mit sper
Sô was ie ritterschaft mîn ger.
Ich streit ie swâ ich strîten vant

[1] zur Busse für, im Tausch für

Sô daz mîn werlîchiu hant
Sich naehert dem prîse.
Ist got an strîte wîse
Der sol mich dar benennen
Daz si mich dâ bekennen:
Mîn hant dâ strîtes niht verbirt.‹
Dô sprach aber sîn kiuscher wirt
›Ir müest aldâ vor hôchvart
Mit senftem willen sîn bewart.
Iuch verleit lîht iuwer jugent
Daz ir der kiusche braechet tugent..
Der site ist niht dem grâle reht:
Dâ muoz der ritter unt der kneht
Bewart sîn vor lôsheit.
Diemüet ie hôchvart überstreit.
Dâ wont ein werdiu bruoderschaft:
Die hânt mit werlîcher kraft
Erwert mit ir handen
Der diet von al den landen.
Daz der grâl ist unerkennet
Wan die dar sint benennet
Ze Munsalvaesche an des grâles schar..

Dar an gesâhen wir ze einem mâl
Geschriben: dar solde ein ritter komen:
Wurde des vrâge aldâ vernomen

Wolfram von Eschenbach: Parzival (468,29–469,18; 471,29–472,16; 483,20ff.)

Non era lungi ancor la nostra via
Di qua dal sonno, quand'io vidi un fuoco
Che emisperio di tenebre vincía.

Di lungi v'eravamo ancora un poco
Ma non sì ch'io non discernessi in parte
Ch'orrevol gente possedea quel loco.

›O tu ch'onori ogni scienza ed arte
Questi chi son, c'hanno cotanta orranza
Che dal modo degli altri li diparte?‹

E quegli a me: ›L'onrata nominanza
Che di lor suona su nella tua vita,
Grazia acquista nel ciel che sì li avanza.‹

Intanto voce fu per me udita:
›Onorate l'altissimo poeta.
L'ombra sua torna, ch'era dipartita.‹

Poichè la voce fu restata e queta
Vidi quattro grandi ombre a noi venire,
Sembianza avevan nè trista nè lieta.

Lo buon maestro commincommi a dire
›Mira colui con quella spada in mano,
Che vien dinanzi ai tre sì come sire:

Quegli è Omero poeta sovrano ·
L'altro è Orazio satiro che viene,
Ovidio è il terzo, e l'ultimo è Lucano.

Perocchè ciascun meco si conviene
Nel nome che sonò la voce sola
Fannomi onore e di ciò fanno bene.‹

Così vidi adunar la bella scuola
Di quel signor dell'altissimo canto
Che sovra gli altri com'aquila vola.

Da ch'ebber ragionato insieme alquanto
Volsersi a me con salutevol cenno ·
E'l mio maestro sorrise di tanto.

E più d'onore ancora assai mi fenno
Ch'essi mi fecer della loro schiera
Sì ch'io fui sesto tra cotanto senno.

Così n'andammo insino alla lumiera
Parlando cose che 'l tacere è bello
Sì com'era il parlar colà dov'era.

Venimmo al piè d'un nobile castello
Sette volte cerchiato da alte mura,
Difeso intorno da un bel fiumicello.

Dante: Divina Commedia, IV, 67ff. (Begegnung mit antiken Dichtern wie Homer etc.)

ποις· ἡμεῖς μωροὶ διὰ Χριστόν..
Λοιδορούμενοι εὐλογοῦμεν[1]· δι-
ωκόμενοι ἀνεχόμεθα· δυσφη-
μούμενοι παρακαλοῦμεν[4]· ὡς
περικαθάρματα[2] τοῦ κόσμου ἐ-
γενήθημεν· πάντων περίψημα[3]
ἕως ἄρτι. 1. Kor. 4.9

[1] segnen.- [2] Kehricht.- [3] Abschaum.- [4] begütigen

Ἐὰν ταῖς γλώσσαις[1] τῶν ἀνθρώ-
πων λαλῶ καὶ τῶν ἀγγέλων· ἀ-
γάπην δὲ μὴ ἔχω· γέγονα χαλ-
κὸς ἠχῶν ἢ κύμβαλον[2] ἀλαλά-
ζον[3]. καὶ ἐὰν ἔχω προφητείαν
καὶ εἰδῶ[3B] τὰ μυστήρια πάντα καὶ
πᾶσαν τὴν γνῶσιν· καὶ ἐὰν ἔχω
πᾶσαν τὴν πίστιν ὥστε ὄρη μεθ-
ιστάναι· ἀγάπην δὲ μὴ ἔχω·
οὐθέν εἰμι. καὶ ἐὰν ψωμίσω[4]
πάντα τὰ ὑπάρχοντά μου· καὶ
ἐὰν παραδῶ τὸ σῶμά μου ἵνα καυ-
θήσομαι· ἀγάπην δὲ μὴ ἔχω·
οὐδὲν ὠφελοῦμαι[5]. ἡ ἀγάπη μα-

[1] prophetisch reden.- [2] Zimbel.- [3] (den Kampfruf αλαλαί) rufen, schallen

Neues Testament: 1. Kor. 4, 9. 12–13; 13, 1–7; 1. Joh. 3, 15; 4, 8. 12. 16.21; Apok. 22, 17

κροθυμεῖ.. οὐ ζηλοῖ.. οὐ λογίζε-
ται τὸ κακόν.. πάντα ϲτέγει · πάν-
τα πιϲτεύει · πάντα ἐλπίζει · πάν-
τα ὑπομένει. 1.KOR.13.1-7

Ὁ μὴ ἀγαπῶν μένει ἐν τῷ θανά-
τῳ.. ὁ μὴ ἀγαπῶν οὐκ ἔγνω τὸν
θεόν · ὅτι ὁ θεὸϲ ἀγάπη ἐϲτίν..
ἐὰν ἀγαπῶμεν ἀλλήλουϲ · ὁ θεὸϲ
ἐν ἡμῖν μένει καὶ ἡ ἀγάπη αὐ-
τοῦ τετελειωμένη ἐν ἡμῖν ἐϲ-
τιν.. καὶ ὁ μένων ἐν τῇ ἀγάπῃ
ἐν τῷ θεῷ μένει καὶ ὁ θεὸϲ ἐν
αὐτῷ μένει.. ὁ ἀγαπῶν τὸν θεὸν
ἀγαπᾷ καὶ τὸν ἀδελφὸν αὐτοῦ.

1.Joh.3.14-4.21.

Καὶ ὁ διψῶν ἐρχέϲθω · ὁ θέ-
λων λαβέτω ὕδωρ ζωῆϲ δωρεάν.

Apok.22.17

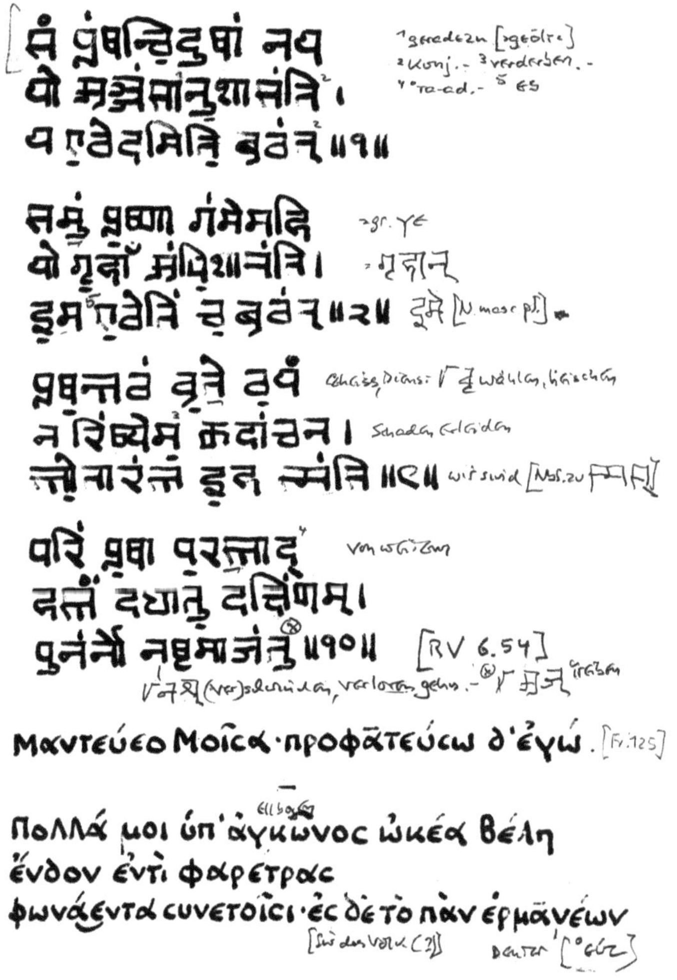

oben: Rigveda
unten+rechts: Pindar (frg. 150 Snell; 2. Ol. Ode, 83–91; 8. Pyth. Ode, 95–97; 3. Pyth. Ode, 107–109)

χατίζει. σοφὸς ὁ πολλὰ εἰδὼς φυᾷ·
μαθόντες δὲ λάβροι[2]
παγγλωσσίᾳ[7] κόρακες ὣς ἄκραντα[3]
γαρύετον[4]
Διὸς πρὸς ὄρνιχα θεῖον. ὄρνιξ = ὄρνις
ἔπεχε νῦν σκοπῷ[5] τόξον, ἄγε θυμέ·
τίνα βάλλομεν
ἐκ μαλθακᾶς αὖτε φρενὸς εὐκλέας[6]
ὀιστοὺς ἱέντες; O. II. 83

–

Σμικρὸς ἐν σμικροῖς, μέγας ἐν μεγάλοις
ἔσσομαι· τὸν δ' ἀμφέποντ' αἰεὶ φρασὶν
δαίμον' ἀσκήσω κατ' ἐμὰν θερα-
πεύων μαχανάν. P. III. 108

–

Ἐπάμεροι· τί δέ τις; τί δ' οὔ τις;
σκιᾶς ὄναρ
ἄνθρωπος. ἀλλ' ὅταν αἴγλα διόσδοτος[8] ἔλθῃ,
λαμπρὸν φέγγος ἔπεστιν ἀνδρῶν
καὶ μείλιχος αἰών. P. VIII. 95

[1] Ermangelt, bedarf. – [2] raffgierig. – [3] unerfüllbar. – [4] Dual. – [5] Ziel. – [6] ruhmverleihend. – [7] Sprache, Sageweise, Ausdruck. – [8] Eig.: von Zeus

Textnachweis

Triadische Wechsel – Zyklus tonalis, München (Saupe & Co.) 1962/63

- Dies ist mein adlerflug: S. 6–7

Mauerschau – ein Durchgang, München (Piper) 1982

- (Passage auf dem Motorrad): S. 294–297
- (In der U-Bahn): S. 326–328

Über den First hinaus – ein Anstieg, Bühl-Moser (Elster) 1990

- Welt in der Pastille: S. 10–16
- Die Magier (Auszug): S. 74–75
- Das Fenster: S. 24–26
- Ein Kampf: S. 26–27
- Die Kathedrale: S. 82–86

An den betenden Ufern – Brief aus Benares, Nada-Edition 11, 1994

- Wanderzirkus der Kindheit: Die Zigeunerin: S. 8
- Bombennächte des Krieges: Bhairavi – die »Furchtbare«: S. 9
- Die Hippies: Gurus und ihre Folger: S. 10
- Wallfahrt: S. 19
- Kindersegen: S. 40
- Kinderlied: S. 42

Das Silser Brunnenbuch – ein Engadiner Glasperlenspiel und lyrischer Umgang, Chur (Desertina) 1998

- I. Brunnengespräch: S. 9–23
- II. Wasserstufen: S. 25–33

Der tastende Strahl – antwortende Verse auf Bilder um Einlass, Aachen (Shaker Media) 2008

- Träumerin: S. 74–75
- Pansstunde – der Barberinische Faun: S. 130–131

Das Buch vor Ort – eine lyrisch-epische Aufrüstung, Aachen (Shaker Media) 2010

- Ballade vom Absturz der Zeit: S. 360–364

Nahe Dran. Im Herzpunkt der Radien, Aachen (Shaker Media) 2011
- Weidegang: S. 6–7
- Passübergang: S. 10–11
- Winternacht über Florenz: S. 11
- Trilogie einer Straße : S. 70
- »Und alle Dinge gaben ihm ihre Namen«: S. 92–93
- Überfall: S. 94
- Ischia Winterlich: S. 94–96
- Die Weisung der Flöte. Ein Hörweg: S. 143–148
- Im Supermarkt: S. 166–168
- Mummenverbrenngesang: S. 178–179
- Im Zug der Zeit: S. 192–193
- Neubegang: S. 203
- Auf »Ein Grab in den Lüften«: S. 224
- Aber die Nachtseite: S. 234
- Rückblick: S. 235

Der Gesang der Konturen, München (Allitera) 2013
- Prolog. Absurd oder nicht – das ist die Frage: S. 15–17
- »Schreiben heißt, jedes Wort zum Blenden bringen«: S. 126–127
- Wohllaut: S. 134
- Warum in Versen?: S. 136–138
- Griechischer Dreiklang: S. 158–160
- Das wohltemperierte Universum: S. 209–212
- Mayas tanzende Töchter: S. 214–216
- Gedicht und Musik auf Partnersuche (Auszug): S. 222–224
- An den betenden Ufern. Brief aus Benares: S. 231–236 (Erweiterte Fassung aus dem gleichnamigen Werk, s. o.)
- »Sisyphos zeigt seinen Stein vor«: S. 237–239
- Die marmorne Passion. Venezianisches Mosaik: S. 275–283
- Osterbescherung am Lago Maggiore: S. 284–286
- »Und die Sonne verhüllte ihr Antlitz ...«: S. 299–300

Bildnachweis

Privat: S. 74 (»Träumerin«, Yvonne G.-Heiniger), 76 (»Barberinischer Faun«, Unbekannt)